POLITIQUE
MILITAIRE,
OU TRAITÉ
DE LA GUERRE;

Par PAUL HAY DU CHASTELET, Conseiller d'Etat, Intendant d'Armée, & l'un des quarante de l'Académie :

DÉDIÉ AU ROI.

Nouvelle édition revue, corrigée, & augmentée de notes & de citations.

A PARIS,

Chez CH. ANT. JOMBERT, Imprimeur-Libraire du Roi pour le Corps Royal de l'Artillerie & du Génie, rue Dauphine.

M. DCC. LVII.

Avec Approbation & Privilege du Roi.

AU ROI.

SIRE,

Je mets entre les mains victorieuses de VOTRE MAJESTÉ un nouvel Art de la Guerre. J'en ai formé les préceptes sur la conduite des plus excellens capitaines, & j'ai tâché de ne rien oublier de tout ce que l'histoire fournit de considérable en cette matiere. Je m'étois proposé, SIRE, de donner dans cet ouvrage une idée accomplie d'un monarque guerrier : mais quelle satisfaction n'ai-je point ressenti? quand après avoir achevé mon dessein, j'ai reconnu que j'avois fait le véritable portrait de VOTRE MAJESTÉ. En effet, j'ai trouvé en Elle, ce modele excellent que je m'étois efforcé de rencontrer ailleurs ; & enfin je doute moi-même si j'ai travaillé pour représenter Vos qualités héroïques, ou si j'ai voulu simplement parler de celles dont auroient été revêtus les illustres Rois qui vous ont précédé. Quel est le bonheur de vos sujets, SIRE, que VOTRE MAJESTÉ fasse l'ornement des temps où nous vivons, & l'admiration de tout le monde entier ! La France jouit abondamment de Votre gloire, & de Vos travaux ; elle est triomphante par vos armes, & tranquille par Vos conseils. Qu'elle possede à jamais le riche présent que Vous lui faites ! que dans le cours éclatant de Votre vie, l'univers soit soumis à Vos commandemens, & que la fortune de tous les hommes soit affermie par Votre incroyable vertu ! C'est un desir avantageux à toutes les nations de la terre, & je l'entretiens incessamment dans mon cœur, étant au point que je le suis,

SIRE,

DE VOTRE MAJESTÉ,

Le très-humble, très-obéissant, & très-fidele sujet & serviteur, PAUL HAY DU CHASTELET.

LETTRE

De l'Éditeur au Libraire, pour servir de Préface.

Le petit *Traité de la Guerre, ou Politique Militaire*, que depuis longtemps je vous prie, Monsieur, de me chercher, m'est enfin tombé sous la main. Il m'a paru digne de l'estime qu'en font les gens de Lettres, & je pense, comme eux, que la lecture en sera utile aux jeunes militaires, agréable aux gens du monde qui voudront acquérir une premiere connoissance de la guerre, intéressante pour les sçavans qui pourront y trouver des choses qu'ils ignorent, & qu'enfin ils en verront tous avec plaisir une réimpression.

Comme il est assez ordinaire de juger des Auteurs par les sentimens qu'on prend de leurs ouvrages, on voit aussi que par l'effet d'une favorable prévention, un bon livre, dont l'Auteur ne se nomme pas, est toujours attribué à quelque plume célebre : c'est ce qui est arrivé par rapport à celui que je vous envoie, & je crois pouvoir vous le démontrer. *Paul Hay du Chastelet*, illustré dans la république des Lettres (1), est, dit-on, l'Auteur de cet ouvrage : on l'a cru jusqu'à ce jour. On a pensé qu'un conseiller d'état, un intendant des armées de Louis XIII, pouvoit bien avoir fait un Traité sur la Guerre : on a lu à la tête une Epitre au Roi, signé *Paul Hay du Chastelet*, on a vu le privilege accordé à une personne du même nom, & on n'a point fait de difficulté de l'attribuer à notre Académicien.

Mais vous serez convaincu qu'il n'en est pas l'Auteur, quand vous observerez, 1°. que du temps de Louis XIII on n'écrivoit pas, à beaucoup près, si élégamment : 2°. que bien des faits cités dans le cours de l'ouvrage sont postérieurs à la mort de ce *P. H. D. C.* arrivée en 1636 : 3°. que le privilege est de la même année de l'impression en 1668, c'est-à-dire trente-cinq ans après son décès : 4°. enfin que l'Au-

___

(1) Ce fut lui que l'Académie naissante chargea d'en faire les Statuts ; elle le choisit aussi pour prononcer le premier Discours, qui naturellement devoit être sur l'éloquence Françoise.

teur lui-même dit (1) qu'il est militaire, & que l'on sçait que jamais P. H. D. C. n'a servi en qualité d'officier ; de ces faits vous jugerez, Monsieur, que le véritable Auteur est un autre *P. H. D. C.* peut-être le fils de l'Auteur supposé.

Quoi qu'il en soit, vous trouverez l'ouvrage bien fait, & digne de servir de modele aux militaires qui voudront écrire sur la guerre : il y regne un ordre admirable. Nulle des parties, dont il est indispensablement nécessaire de s'instruire, n'y est oubliée. Il propose des exemples, & les applique aux principes, mais il cite les faits, & n'en donne pas le moindre détail ; j'ai cru nécessaire de suppléer à ce défaut, trop commun parmi les sçavans, en vous adressant, Monsieur, les notes que j'ai joint à son ouvrage : elles sont semblables à celles que j'ai coutume de faire à tous les livres que je lis : cet usage est, à mon avis, la meilleure maniere de s'instruire ; je lui dois mon *Essai sur la Cavalerie*, & les morceaux que j'ai donnés à l'*Encyclopédie* ; & c'est par ce moyen que je me trouve

(1) Page 263.

des matériaux qu'il n'est plus question que de rassembler; je conseille aux jeunes gens de s'y accoutumer: rien n'amuse d'avantage que cet espece de travail.

Pour satisfaire à la fantaisie de nos Bibliomanes, je n'ai pas voulu toucher à un style de 90 ans qui, d'ailleurs est fort bon; mais je n'ai pu me prêter à leur folie, de vouloir qu'on laissât dans les nouvelles éditions jusqu'aux fautes même des originaux. J'ai donc cru nécessaire de corriger ce qui m'a paru contre notre usage actuel d'écrire.

Je profite de l'occasion qui se présente, pour vous faire mon remerciment de la beauté que vous avez donné à ma nouvelle édition des deux dernieres *Campagnes de M. de Turenne*, & je suis charmé que vous en ayez trouvé un prompt débit. Je suis très-flatté de ce que vous me dites d'obligeant sur mon *Essai sur la Cavalerie*.

Je suis, &c.

D'AUTHVILLE.

POLITIQUE MILITAIRE, OU TRAITÉ DE LA GUERRE.

CHAPITRE PREMIER.

I. *Ce que c'est que la guerre.* II. *Du droit de la guerre.*

I. *Ce que c'est que la guerre.*

COMME la guerre est la plus importante de toutes les professions qui partagent les emplois des hommes, ils ne se sont jamais appliqués avec tant d'exactitude pour autre chose qu'ils ont fait pour la connoître. Ils ont bien jugé que rien ne leur étoit si nécessaire que la science des armes, après qu'ils ont éprouvé que par ce moyen ils repoussoient les injures publiques & particulieres, défendoient les loix & la liberté de leur patrie, entretenoient la discipline dans les états, & qu'en excitant la vertu de leurs concitoyens, ils en assuroient la félicité.

L'expérience avoit aussi répandu cette vérité universellement par tout le monde, que la guerre est une école où l'on apprend une philosophie plus certaine que celle que l'on enseignoit autrefois sous le portique : & en effet, dans tous ces lieux d'Athènes, si renommés par les assemblées des philosophes, a-t'on rien imaginé de comparable à cet art, dont le premier principe est un juste mépris de la vie ? (je dis un juste mépris), car je conte pour fureur celui des Catons d'Utique, & des Othons, (1) qui, dans la violence

(1) *Caton d'Utique* (ainsi nommé du lieu de sa mort) ayant appris que César le poursuivoit, se mit sur son lit, lut deux fois le traité de l'immortalité de l'ame de Platon, & se donna un coup de poignard

ou Traité de la Guerre.

qu'ils ont exercée contr'eux-mêmes, ont montré moins de force que de défespoir & de légéreté : pourroit-on enfin propofer des maximes plus pures, & plus faintes que celles que l'on en tire ? & qui établiffent la principale gloire des honnêtes gens à fe précipiter dans les plus grands hazards pour le fervice de leur Prince, le repos de leurs compatriotes, & le falut de leurs amis ; & par lefquelles, au contraire, il eft honteux de fuir une occafion périlleufe, de trahir fon Roi, de troubler fon pays, & de négliger la confervation de fes parens. Auffi toutes les nations font-elles tombées dans ce fentiment commun, que la valeur étoit la plus excellente des parties héroïques; les peuples les plus polis l'ont entendue par le feul nom de vertu, & ils l'ont même reconnue pour quelque chofe de divin. Dieu eft armé de

Et M. Silvius Othon, VII. Empereur Romain, fe tua de défefpoir, voyant fon armée défaite par celle de Vitellius, à la bataille de Bedriac.

A ij

son tonnerre, & dans l'Ecriture il se nomme le Dieu des armées, le Dieu des victoires, & le Dieu vaillant dans les combats. Les Payens qui, sur la vérité de la bible, ont élevé les fantômes de leur religion, ont eu leur Mars, leur Bellone, & leur Jupiter Martial; & leurs mysterieuses fables nous représentent tous leurs Dieux en bataille contre les enfans de la terre, pour la défense du ciel, & pour maintenir leur immortelle & toute-puissante autorité. Ils ont voulu de plus que Minerve, Déesse de la sagesse, fût la Déesse des armées; & le poëte la fait compagne perpétuelle de son Ulisse, pour nous faire comprendre que les qualités de vaillant & de sage, ne doivent point se séparer.

II. *Du droit de la guerre.*

Dieu, dis-je, s'est donné le titre de Dieu de la guerre, & de Dieu vaillant, parce qu'il y a des guerres équitables, & des combats légitimes : car peut-il rien entreprendre d'injuste, ou bien qui sorte de la regle droite & invariable de ses loix éternelles ? Mais par ces titres, trois choses sont enseignées aux hommes. La premiere, qu'il n'appartient qu'aux Souverains, qui sont dans le monde les images vivantes de Dieu, de se servir du droit des armes, & il n'appartient qu'à ces maîtres de l'univers d'en interrompre l'ordre & la tranquillité. Sur quoi le divin Philosophe a voulu, dans ses loix, que celui qui, de son autorité privée, entreprenoit la guerre, fût puni comme d'un crime capital. La seconde, est qu'il faut que les Princes joignent la modération à la valeur, & qu'ils pardonnent à ceux qui se soumettent à leurs armes victorieuses ; autrement ce seroit une brutalité. Les hommes ne doivent combattre que pour la gloire : ils peuvent en contester le prix, mais ils doivent bannir la haine

A iij

de leur cœur. La troisieme, c'est qu'ils ne doivent jamais entreprendre ni soutenir de guerre qui n'ait un fondement raisonnable. Les plus justes entreprises sont les plus heureuses; & on a observé que les Romains, & surtout Auguste, avoient toujours eu des succès avantageux, parce qu'ils n'avoient jamais formé de desseins injustes; & il y a longtemps qu'un Poëte de la Gréce a prononcé, que celui qui entreprenoit une mauvaise guerre, n'en revenoit pas sans laisser, par son malheur, des marques de sa témérité.

Sur ces principes, qui ne peuvent recevoir de contestation, il est vrai de dire que la guerre est aux Rois un moyen légitime d'acquérir, & que ce qu'ils ont emporté, par leur épée, est pleinement à eux. C'est par cette raison qu'Alexandre répondit aux ambassadeurs de Darius, qui lui offroient, de la part de leur maître, de lui laisser la libre jouïssance des pays qu'il avoit conquis; que ce qu'il avoit gagné lui appartenoit, & qu'il n'avoit pas besoin que le Roi de Perse lui en fît aucune autre cession. Au reste, on ne doit pas disconvenir qu'on ne puisse acquérir légitimement par la guerre, laquelle est de disposition du droit des gens, d'autant que le partage que les hommes ont fait des nations & des empires, est du même droit, & par conséquent les moyens de la guerre sont aussi juridiques, que sont ceux sur lesquels on a remarqué l'étendue & les bornes des républiques.

CHAPITRE II.

I. *Deſſein de cet ouvrage.* II. *S'il eſt néceſſaire d'entretenir la guerre dans un état.* III. *Du choix des ſoldats, & des capitaines.* IV. *De l'infanterie.* V. *De la cavalerie.* VI. *Si un Roi doit toujours être armé.* VII. *Si on doit tenir les troupes en corps d'armée, ou dans des garniſons en temps de paix.* VIII. *A quoi on les doit occuper quand il n'y a point de guerre.*

I. *Deſſein de cet ouvrage.*

Il n'y a pas lieu de s'étonner ſi tant de différens auteurs ayant traité de la guerre, il en peut reſter beaucoup de choſes à dire, au moins en ce qui eſt de la forme & de l'application des regles. La raiſon qui fait que cette matiere, qu'on a vu agiter mille fois, n'eſt pas encore épuiſée, que même on peut croire que de temps en temps il s'y trouvera de nouveaux sujets de discourir, c'est, ou que ceux qui en ont écrit, y ont aussi mal raisonné qu'avoit fait cet ancien Rhéteur, qui se vouloit ingérer d'enseigner à Annibal les moyens de bien faire la guerre, ou qu'ils ne l'ont pas fait suivant l'opinion des autres qui les ont suivis, & qui lisent leurs ouvrages; & d'un autre côté les especes d'armes, soit offensives, soit défensives, changeant souvent, les capitaines sont contraints de changer la façon de combattre, d'attaquer & de défendre; en un mot, de renverser la méthode qu'on avoit de faire la guerre. Quelques-uns des écrivains, qui ont parlé de l'art militaire, se sont trop attachés aux regles des anciens; quelques-uns n'ont aimé que les opinions modernes, quelques autres ont manqué de jugement, ou d'expérience; & au lieu de tirer leurs préceptes des différens événemens qu'ils ont pu observer dans l'histoire, ils se sont amusés à expliquer un détail inutile, & de legeres minuties, ou bien à former des maximes, quelquefois selon leur caprice, & quelquefois trop difficiles à mettre à exécution. Toutes ces considérations me sollicitent d'y porter la main, & en faisant un mélange de l'ancien art de la guerre avec le nouveau, & en recueillant le fruit des observations que j'ai faites dans le cours de vingt années d'étude, joint à quelques expériences que j'en ai ; j'entreprends de donner une idée de la parfaite guerre, qu'Annibal & César ne mépriseroient peut-être pas, s'il m'est permis de parler ainsi, à l'imitation du plus sçavant homme du dernier siecle. Toutefois, en écrivant, je n'aspire point à l'éloge qu'un historien illustre a donné à Epaminondas, & qu'on auroit pu donner ensuite à Lucullus, quand il dit que l'esprit de ce fameux Thébain étoit tellement digne d'admiration, qu'il avoit appris le métier de la guerre dans son cabinet, & parmi les livres. Homere a servi de guide & de maître à Alexandre dans les conquêtes qui ont rendu sa réputation si éclatante, & il est certain que la guerre contenant une philosophie sublime & délicate, les préceptes en doivent être établis par des philosophes, & par des gens de Lettres.

II. *S'il est nécessaire d'entretenir la guerre dans un état.*

Encore qu'il soit véritable que la guerre trouble le repos des hommes, pour lequel on peut dire que la nature les a fait naître; que même les combats aient quelque chose de contraire à la justice naturelle & à l'humanité, & qu'une grande forêt toute en feu soit moins effroyable que ne l'est une armée victorieuse, qui court dans les campagnes, & les remplit de larmes, de sang & de désolation, encore, dis-je, qu'il soit vrai que la guerre est un mal extrême, il est pourtant nécessaire qu'un grand empire ne demeure pas longtemps dans l'oisiveté de la paix. La paix, qui est l'objet le plus beau des souhaits de tous les hommes, le but de leurs travaux, & le plus solide bien qu'ils puissent posséder, engendre insensiblement, quand elle est trop affermie, les vices dans les états : elle y apporte le luxe, y autorise la volupté, & fait que les forces, qui s'y sont conservées, & qui s'y augmentent de jour en jour, se tournent enfin contr'elles-mêmes, & s'occupent à se détruire : le courage & la vigueur se ralentit & se perd ; & nous voyons que par un repos trop constant les nations, dont la valeur autrefois a fait tant de bruit sur la terre, & qui ont triomphé de toutes les parties du monde, en sont aujourd'hui la honte & le mépris. Les sages Romains avoient raison de craindre le renversement de

Carthage; & ils voyoient bien que la puissance de cette grande ville, en continuant de donner de la jalousie à Rome, continueroit de porter ses citoyens à l'émulation, d'où ils iroient au desir de la gloire, & à l'amour de la vertu. Leur prudence avoit très-judicieusement prévu que quand les sujets de la république n'auroient plus d'occasion d'employer leurs armes contre des étrangers, ils les employeroient à leur propre ruine, & que la liberté du peuple Romain s'en trouveroit enfin opprimée.

III. *Du choix des soldats & des capitaines.*

Etant donc certain que la guerre cause de l'utilité aux états, il faut que chaque Prince ou chaque république choisisse des soldats pour composer ses armées; que même il y en ait toujours de prêtes à marcher au premier commandement. Les vieilles troupes, qui font perpétuellement entretenues, en imposent plus aux ennemis que les nouvelles; elles sont fieres & braves, & se font un point d'honneur de vaincre toujours, & de n'être jamais vaincues. Il est périlleux de ne lever des gens qu'aux occasions imprévues, & ces sortes de troupes, précipitemment faites, que les Romains appelloient subitaires, & que nous avons nommées milices, (1) ne font jamais aucun effet considérable : ce font des gens non aguerris, & qui n'ayant aucune habitude ensemble, sont un nombre qui

_____

(1) Les milices, dont parle l'Auteur, n'ont rien de commun avec celle qui est sur pied aujourd'hui. Celle-ci a donné des preuves de la plus grande valeur dans la guerre derniere, & l'attention qu'on a eu de l'assembler, pendant un certain temps, toutes les années pour la discipliner & l'exercer, de lui choisir des commandans expérimentés, & d'en composer les officiers de ceux qui avoient été réformés, ou de gentilshommes, assure que cette milice ne démentira pas la bonne opinion qu'elle a déja donné d'elle. Il y a 110 bataillons à 730 hommes chacun, en 10 compagnies. Les provinces en fournissent proportionnellement au nombre de leurs habitans. On en tire toutes les compagnies de grenadiers qui, au nombre de 220, composent 11 Régimens de grenadiers royaux, commandés par un colonel & un lieutenant-colonel.

n'a ni force ni liaison : les capitaines les achetent sans les choisir ; c'est ordinairement le rebut des villes, que la fainéantise, la misere, & la débauche chasse de leur pays. Ainsi ils ne peuvent soutenir le moindre effort dans les combats ; & on pourroit dire enfin que ce sont des lievres armés, *galeati lepores*, tant ils sont susceptibles de la peur, & disposés à une honteuse fuite.

Plus les nations ont été sages, & plus elles ont pris de soin de faire un excellent choix de leurs soldats. Les Romains, entre tous les anciens peuples, nous en ont laissé des exemples admirables ; & j'estime que la diligence qu'ils y ont apportée, a été le premier fondement de leur grandeur. Ils ont enrôlé, dans leurs légions, ceux qu'ils ont cru les plus capables de bien servir ; d'où ils les ont appellées légions. Au commencément tous les jeunes gens, pressés de l'amour de leur patrie, s'offroient aux Tribuns volontairement & en foule : mais cette ardeur s'étant ralentie, on fut obligé d'en venir à la contrainte ; ce qui se faisoit avec tant de sévérité, qu'on mettoit aux fers ceux qui refusoient de servir : on vendoit publiquement leurs biens, & on les réduisoit à la servitude; Rome ne croyant pas devoir traiter comme ses enfans ceux qui ne la regardoient pas comme leur mere. Aussi est-il juste de priver les mauvais citoyens de tous les avantages qu'ils peuvent espérer de leur patrie, quand ils se dépouillent de l'affection qu'ils doivent avoir pour sa gloire & pour ses intérêts. On a vu même que les empereurs faisoient marquer ceux qu'ils forçoient d'aller à la guerre. Cette marque s'imprimoit avec un fer chaud sur le front, ou sur la main ; c'étoit ordinairement le nom du Prince.

Le bon choix que l'on fait des soldats est sans doute d'un grand avantage, & nous sçavons quel est l'ordre, dans l'empire des Turcs, pour les enfans de tribut, & quel soin ils prennent d'élever ceux qu'ils destinent pour être janissaires ; ce qui leur a si bien réussi jusqu'à présent, qu'à peine pourroit-on se souvenir d'une occasion en laquelle ces janissaires aient mal répondu à ce qu'on avoit espéré de leur valeur.

Les jeunes gens qu'on choisira pour être instruits à la guerre, doivent être mis dans des garnisons à l'âge de quinze ou seize ans. Là il leur sera enseigné les exercices de cavalerie & d'infanterie, à quoi on les exercera toutes les semaines une fois ; (1) ce qui se fera commodément les dimanches ou les fêtes. On leur enseignera l'exercice de la pique, comme celui du

---

(1) Les troupes qui ne seroient exercées qu'une fois la semaine ne le seroient pas suffisamment : un cavalier devroit au moins monter à cheval trois fois par semaine, & les soldats faire le maniement de leurs armes tous les jours. Les uns & les autres doivent manœuvrer ensemble une ou deux fois par semaine.

mousquet ; à se servir de l'épée, de la halebarde, de la pertuisane, de l'espadon & autres armes. On les fera courir, sauter & lutter. Les Lacédémoniens exerçoient sans relâche leurs jeunes soldats : cela étoit fort sagement avisé ; car on n'acquiert de la force & de l'adresse, que par un travail long & assidu.

Dans ces garnisons il y aura des maîtres pour les fortifications, les mathématiques, à danser, voltiger & monter à cheval. Il sera très-à-propos d'ôter les académies des places où il n'y aura point de garnison, afin que les garnisons soient, pour ainsi parler, des académies où ces choses-là s'apprennent ; & même, afin que toutes sortes de jeunes gens se rangeassent aux garnisons, il faudroit ordonner que les maîtres ne pourroient faire d'apprentifs que dans les lieux où il y auroit garnison, & que nul ne pourroit tenir boutique en aucune ville du royaume, ni exercer aucun métier qu'il n'eût des lettres d'un gouverneur, pour justifier qu'il auroit fait son apprentissage dans une ville de garnison, comme nous voyons qu'on ne reçoit point de médecin ni d'avocat, qui n'ait fait ses études dans quelque université.

Ce moyen seroit assuré pour avoir des soldats; car ces apprentifs serviroient à leur tour pour les choses de la guerre, monteroient la garde, & feroient les autres fonctions; ce qui ne les détourneroit point de s'instruire dans la vacation qu'ils auroient choisie. Il seroit très-utile que chaque soldat sçût un métier, (1) & qu'on l'y fît appliquer tous les jours qu'il ne fe-

―――――――――――――――――――

(1) Ce métier doit être un de ceux qui donne & entretient la force. Cependant il seroit bon qu'après, que les soldats auroient forgé eux-mêmes leurs armes, ils travaillassent à tout ce qui seroit nécessaire à leur entretien, sans avoir recours à des Marchands qui vendent fort cher, & qui ne font souvent que de mauvaises fournitures : alors les soldats occupés ne le seroient jamais à mal faire.

roit point de garde. Alors tous éviteroient l'oifiveté, & gagneroient de l'argent ; ce qui les feroit fubfifter, & ainfi les garnifons feroient toujours bien remplies ; car il s'y rendroit beaucoup de volontaires, outre ceux que l'on prendroit à cet effet. Il faudroit obliger les paroiffes des villes & de la campagne de fournir & d'entretenir chacune un homme de cheval, ou deux hommes de pied, qui feroient choifis, le fort portant le foible, c'eft-à-dire, à proportion de la grandeur des paroiffes, lefquelles on pourroit encore obliger de donner de l'argent pour faire apprendre quelque métier à ces hommes entretenus. Les fommes qu'il faudroit employer pour cela feroient prifes en déduction des tailles ou autres fubfides. En ce faifant, le Roi, outre fes vieilles troupes, auroit toujours plus de quarante mille hommes en fes garnifons, lefquelles feroient des pépinieres de foldats, &

cette dépense chargeroit peu l'état des finances (1).

Quand les jeunes soldats auroient été quelque temps en garnison, comme trois ou quatre ans, si c'étoit en temps de paix on les renverroit chez eux, & on en remettroit de nouveaux en leur place, ou bien on choisiroit les mieux faits pour les incorporer dans les corps entretenus, soit cavalerie, soit infanterie, étant nécessaire d'en avoir en tout temps. Si c'étoit en temps de guerre, on les enverroit à l'armée, & les recrues se feroient dans les garnisons; d'où il arriveroit qu'on ne feroit aucune dépense pour les recrues, d'autant qu'il y auroit toujours des gens prêts : on ne verroit même jamais de soldats non aguerris dans les régimens, & les recrues étant faites, on reprendroit en même temps d'au-

---

(1) Ce projet se trouve exécuté quant aux gens de pied, dont le nombre est de 69500 hommes sous la dénomination de milice royale. Il y a de plus 5820 hommes de milice bourgeoise.

tres jeunes gens pour rétablir ces garnisons; ce qui se continueroit incessamment.

Les Romains avoient des soldats de trois sortes; la premiere étoit des citoyens, la seconde, des peuples d'Italie, qu'ils appelloient leurs compagnons d'armes, & la troisieme, des auxiliaires ou mercenaires.

On demande depuis longtemps s'il vaut mieux se servir des sujets que des étrangers : mais il a été décidé en faveur des sujets qui, en effet, s'exposent avec plus de courage & de bonne volonté, & qui aimant comme leur compatriote celui qui les commande, hazardent avec plaisir leur vie pour garantir la sienne. Au reste ils combattent pour leur propre fortune, pour la conservation de leurs familles, pour leur honneur, & pour leur repos: quand ils ont abandonné leurs rangs dans les batailles, & qu'ils ont cherché leur salut par la fuite, ils trouvent partout des objets qui leur reprochent leur manquement de cœur, & ils ont le cruel déplaisir de se reconnoître pour coupables de la perte de leurs amis, & de la ruine de leur patrie.

Ainsi ils sont plus dans l'obéissance, & se tiennent plus exactement à leur devoir que les étrangers qui, au contraire, considerent les affaires de ceux qu'ils servent, sans y prendre aucune part. Ils peuvent, dans les rencontres les plus importantes, causer des désordres extrêmes, & ne sçauroient procurer aucun succès heureux, qu'on ne doive plus justement attendre des sujets; outre que les soldats étrangers emportent sans retour ce qu'il y a d'argent dans un pays, & les sujets l'y conservent.

On dit que Cyrus, dont l'antiquité nous parle comme d'un grand capitaine, vouloit avoir des soldats & des chevaux de nations étrangeres (1) : il

(1) On peut encore ajouter aux raisons en faveur

disoit qu'il s'en trouvoit mieux servi que des Perses naturels, & on a dit ensuite, pour appuyer cette opinion, qu'il étoit dangereux de mettre l'épée à la main d'un grand peuple qui, connoissant sa force, peut tout oser, & même tout entreprendre contre l'autorité du Gouvernement. Mais il ne faut pas qu'un Monarque se laisse toucher de ces vaines terreurs; & Platon a très-judicieusement dit au huitieme livre des Loix, qu'un Prince qui est assez foible pour redouter ses sujets, ne les rendra jamais ni gens de bien, ni riches, ni vaillans.

Quand un capitaine reçoit un soldat, il doit regarder à cinq choses; la premiere, est de sçavoir quel est son pays : car il est constant que le tempé-

---

des soldats étrangers, qu'il est de la grandeur d'un Prince de donner asyle à des étrangers maltraités dans leur patrie : ils agissent souvent à la guerre, & par reconnoissance, & par vengeance ; d'ailleurs les troupes étrangeres, au service d'un Prince, sont autant d'ennemis de moins. Il est donc nécessaire d'en avoir ; mais il ne faut pas qu'elles excedent la sixieme partie des troupes nationales.

rament des hommes a toujours de la conformité avec la qualité des lieux où ils ont pris naissance, & suivant cette qualité ils sont plus ou moins robustes.

A propos de quoi je dirai en passant qu'il faut toujours préférer les gens de la campagne aux habitans des villes, parce qu'ils ont moins de vices, plus de soumission pour les chefs, sont plus endurcis à la peine, moins séditieux, & moins amateurs de la nouveauté (1).

La seconde chose qu'il faut regarder, c'est à l'âge. Les Romains avoient raison de prendre leurs soldats à dix-sept ans, d'autant qu'ils avoient plus de temps pour les instruire, & ils aimoient mieux avoir des gens capables de servir longtemps, que d'en avoir qui eussent longtemps servi.

(1) Cela est essentiel quant au plus grand nombre, mais il faut aussi tirer des soldats des villes ; l'éducation qu'ils y reçoivent épurent leurs sentimens, & les rend plus capables des détails ; ils remplissent mieux que ceux de la campagne, les places de bas officiers.

La troisieme chose est la taille. Pyrrhus commandoit qu'on lui choisît de grands hommes pour soldats, & il disoit qu'il les rendroit braves. Toutefois les gens d'une taille trop grande sont ordinairement peu propres à supporter les fatigues de la guerre, & dans le travail s'abattent plutôt que les gens de la médiocre ; ces derniers ont beaucoup plus de disposition à toutes sortes d'exercices, plus d'adresse & plus de vigueur que les autres.

La quatrieme chose, c'est l'esprit : & en effet, un homme qui a de la vivacité, de la présence d'esprit & du jugement, est presque invincible. Il faut qu'un soldat ne craigne rien que la honte ; qu'en un mot, il ait une ame capable d'envisager fiérement la mort, & pour me servir du mot du poëte Lucain, *Animæque capaces mortis.*

La cinquieme, est le genre de vie qu'a suivi celui qui veut être enrôlé. Il ne faut jamais admettre parmi les vieux soldats les gens dont la profession sert au luxe & à la délicatesse.

Quant à ce qui est des chefs, il les faut élire entre les plus expérimentés & les plus habiles, qui sçachent comment il faut conduire toute sorte de guerre, & que la fortune ne puisse facilement tromper :

Entre les plus braves qui donnent l'exemple à toute l'armée, non seulement par leurs discours, mais encore par leurs actions, qui soient les premiers aux travaux, & aux occasions importantes :

Entre les plus heureux, & qui, sans rien précipiter, aient l'art d'attendre des conjonctures qui leur soient avantageuses, qui se souviennent qu'une faute, en matière de guerre, ne se peut ni excuser, ni réparer, & que les téméraires sont toujours malheureux, parce qu'ils sont toujours insensés, & qu'enfin il vaut mieux se faire craindre par ses ennemis comme un homme prudent & avisé, que de s'attirer l'applaudissement de ses amis par des coups hazardeux. Le bonheur dans les armes ne vient pas de nous; c'est un don que nous ne pouvons recevoir que de Dieu seul, mais c'est un don nécessaire. La guerre, dit Platon, a besoin de la fortune; c'est elle qui couronne l'expérience, la sagesse & la valeur.

Enfin, il faut que les commandans sçachent prendre de l'empire & de l'autorité sur leurs soldats, qu'ils sçachent leur insinuer du respect, & faire ensorte qu'en les aimant ils les craignent plus qu'ils ne font leurs ennemis. Enfin il faut que les capitaines soient élus entre les plus nobles, les plus gens de bien, & les plus riches, afin que leur élévation ne donne point d'envie à la multitude; qu'ils puissent s'acquitter de leur ministere avec honneur, & sans s'exposer aux reproches, & qu'ils puissent soutenir commodément la dépense où ils seront engagés.

Si les chefs n'ont toutes ces qualités, ils ne pourront commander aux soldats, ou les soldats ne leur obéiront qu'avec peine & en murmurant.

Le choix des chefs dans les Monarchies doit être fait par le Roi seul, d'autant qu'il est le Souverain capitaine de tous les capitaines. Dans les républiques les magistrats doivent faire cette élection.

Ce que je viens de dire regarde les officiers généraux & les capitaines des compagnies. Ceux-ci doivent avoir la liberté de choisir leurs lieutenans, que les Romains appelloient *optiones*, ou bien, selon le sentiment de quelques-uns, ce terme *optiones* étoit comme *adoptiones*, & comme si les capitaines les eussent adoptés pour la guerre. Les commandans des Romains portoient un bâton pour marque de leur autorité. Ce bâton s'appelloit *vitis latia*, de même que nous appellons *canes*, les bâtons que portent nos officiers d'armée.

Toutes les armées sont composées d'infanterie ou de cavalerie. Entre les gens de pied, il y a des mousquetaires & de picquiers (1).

IV. De l'infanterie.

L'infanterie fait la principale force d'une armée. Ce sont les fantassins qui prennent les places de guerre, qui les défendent, & qui les conservent. Ils font leurs progrès plus lentement que ne font les gens de cheval, mais ils les font avec plus de sûreté. Il est bon qu'une armée mette sa principale force dans l'infanterie, parce que les fantassins sont de beaucoup moindre dépense, soit pour la solde, soit pour la nourriture. Les Grecs & les Romains avoient vingt hommes de pied pour un homme de cheval, & les Barbares, au contraire, excédoient en cavalerie.

---

(1) On doit se rappeller qu'il y a 100 ans ou environ que ce livre est fait, & que l'équipement & l'armure de nos troupes sont bien changés.

Les gens de pied se servent de fusils, à l'exception des officiers qui portent des spontons, & les sergens des hallebardes; ceux des grenadiers ont tous des fusils.

V. De la cavalerie.

La cavalerie a ses avantages, & surtout aux jours de bataille, & dans les expéditions où il faut de la diligence, soit pour surprendre les ennemis, enlever un quartier, faire le dégat dans la campagne, défaire un convoi, couper les vivres, interrompre une marche, se saisir d'un poste, sçavoir les nouvelles, & autres choses de cette qualité. C'est pourquoi on a comparé les effets de la cavalerie aux tempêtes, & on les a nommés *procellam equestrem* (1).

L'infanterie en France est divisée en régimens; les régimens en dix, vingt, trente ou quarante compagnies, suivant ce qu'il plaît au Roi (2).

___
(1) Le livre nouveau intitulé *Essai sur la cavalerie*, Chap. I, *de l'utilité de la cavalerie dans les armées*, contient une dissertation sur la préférence à donner à l'une ou à l'autre de ces armes.

(2) L'infanterie aujourd'hui est divisée en régimens de 4, 2 ou 1 bataillons, chaque bataillon est composé d'une compagnie de 45 grenadiers, & de 16 autres de 40 fusiliers; les régimens des Gardes, ceux des grenadiers de France, de Royal Artillerie, & des 34 étrangers sont composés différemment.

La cavalerie est divisée en gendarmerie & cavalerie legere. Il n'y a point de régimens de gendarmes, ce sont des compagnies franches. Il y a des régimens de chevaux-legers : il y a aussi des compagnies de chevaux-legers qui ne sont incorporées dans aucun régiment (1).

Nous avons en France deux autres sortes de cavalerie, à sçavoir des dragons & des carabins, lesquels ne sont ni de la gendarmerie, ni de la cavalerie légere. Il seroit fort bon que toute la cavalerie fût sur le pied des carabins, parce qu'on pourroit les faire combattre à pied quand il seroit nécessaire (2).

L'infanterie ordinairement se prend de ceux qui ont le moins de biens de

---

(1) La cavalerie a ses régimens de deux escadrons, à 4 compagnies de 40 hommes chacune, formant au total 320 hommes. On observera que dans les régimens François les officiers ne sont pas compris dans le nombre des hommes.

(2) Les régimens de dragons sont de 16 compagnies, de 40 hommes chacune, formant 4 escadrons, & au total 640 hommes.

la fortune, & la cavalerie de ceux qui en ont le plus.

Il y a une autre sorte de gens de guerre, que nous appellons volontaires, lesquels de leur mouvement, & pour servir le Roi & leur pays, & pour acquérir de la réputation, prennent les armes, & marchent à leurs dépens. Ce sont des personnes de qualité qui tâchent de se trouver à toutes les occasions d'honneur : mais leur zele trop ardent cause quelquefois de grands désordres ; & par une ambition indiscrete & précipitée, ils se font tuer inutilement. Il seroit à propos de leur donner quelque rang certain, & d'en faire un corps sous le commandement d'un homme de grande condition, ou d'un homme de service & de longue expérience, sous les ordres duquel ils pussent combattre & apprendre le métier. Il faudroit même les séparer en compagnies, & leur donner des capitaines, des lieutenans, cornettes, &

B. v.

autres officiers, comme aux compagnies de chevaux-legers, & en faire un ou plusieurs régimens de cavalerie, qui seroient toujours les plus beaux & les plus forts de l'armée, & dont il seroit très-expédient de faire un corps de réserve pour les rencontres importantes. Ainsi on y apporteroit du réglement, & les volontaires ne feroient plus d'embarras ; on épargneroit encore le sang de mille & mille jeunes gentilshommes qui, dans un âge plus avancé, pourroient se rendre capables des commandemens généraux, & dont on tireroit des services très-importans. On imiteroit la sage conduite des Romains ; car ils avoient des volontaires comme nous en avons en France. Les Grecs en avoient pareillement. Xénophon alla en cette qualité au service du jeune Cyrus ; & nous voyons qu'au siege de Numance, Scipion fit une cohorte des volontaires qui l'avoient suivi, & il la nomma la compagnie de ou Traité de la Guerre.

ses amis. Si cet ordre étoit observé on ne manqueroit jamais de volontaires, ce seroit l'école & la pépiniere des capitaines & des grands hommes de guerre (1).

VI. *Si un Roi doit toujours être armé.*

Personne ne mettra désormais en question s'il faut que les états aient des armées entretenues dans les temps pacifiques; car on sçait qu'il y a de la nécessité, d'autant que les voisins considerent un Roi par les forces qui l'environnent, & lesquelles sont toujours prêtes d'exécuter ses volontés, & les sujets mêmes se rendent plus obéissans aux ordres publics, & ont plus de sou-

(1) La nécessité de former des régimens de volontaires n'a été bien reconnue que depuis le ministere de M. le Comte d'Argenson; ceux qui ont été levés à l'occasion de la guerre de 1741, étoient pour la plûpart de 1500 hommes, dont 500 à cheval. Ils ont rendu de si grands services, qu'ils sont regardés aujourd'hui comme très-nécessaires. Il seroit à désirer que ces troupes, faites pour combattre sans cesse, fussent formées d'anciens soldats bien exercés, & faits à la fatigue; autrement il se fait une consommation d'hommes bien considérable; ce qu'on a dû remarquer pendant la derniere guerre.

B vij

missions pour les magistrats. La sagesse des loix n'est point en sûreté sans le secours des armes; & les troupes qui servent d'ornement, & qui relevent la splendeur d'un royaume, pendant le cours tranquille de la paix, servent pour le défendre, quand ses ennemis entreprennent d'en troubler le calme & le repos. Aussi dans tous les états du monde voyons-nous qu'on a continuellement conservé des armées, afin de maintenir au dedans le bonheur des peuples, & repousser les entreprises des étrangers.

VII. *Si on doit tenir les troupes en corps d'armée, ou dans des garnisons en temps de paix.*

Ce n'est pas que souvent les plus grands états ne se soient trouvés embarrassés des troupes qu'ils entretenoient ordinairement. Nous en voyons plusieurs exemples chez les Romains, dans les guerres domestiques qu'ils ont eues, & encore après l'établissement de l'autorité des Empereurs; combien de fois les Prétoriens se sont-ils révoltés contre leurs maîtres? combien de fois les armées des provinces ont-elles élevé leurs généraux à l'empire? Trois raisons ont principalement causé ces dangereux mouvemens. La premiere, c'est que les Romains ont étendu trop loin le pouvoir de leurs capitaines: la seconde, qu'ils ont fait leurs armées trop fortes: la troisieme, que les mêmes chefs & les mêmes soldats ont servi trop longtemps ensemble; desorte que les généraux avoient tout le loisir & tout le moyen qu'ils pouvoient desirer pour se faire des créatures, & acquérir la bienveillance des armées qu'ils commandoient.

Il y a une quatrieme raison de ces soulevemens, c'est que les soldats d'une même armée étoient toujours rassemblés dans un camp; de sorte qu'à la longue l'habitude & la familiarité qu'ils avoient les uns avec les autres, les rendoit comme un même peuple, & les unissoit par des liens de société & d'intérêts aussi étroits, que les habitans d'une même cité le pourroient être ; & par conséquent il faut pratiquer ce précepte de politique, que des troupes ne connoissent dans la paix que la compagnie qu'elles composent ; & cette maxime doit s'étendre jusques à séparer les régimens, & en mettre des compagnies dans des lieux éloignés les uns des autres, & non dans des camps, comme faisoient les Romains : car la licence & l'audace s'y glissent plus périlleusement que dans les villes de guerre, où on prend garde à ce que le soldat soit dans le devoir, & dans l'exercice, où il n'est pas le maître des fortifications qu'on lui fait garder, & dont les murailles sont moins pour le mettre à couvert des ennemis, que pour l'empêcher de mal faire, & de fuir la punition de ses déréglemens. Il faut, outre cela, que le général, quoiqu'au milieu de la guerre, ait une puissance limitée, soit pour les récompenses, soit même pour la disposition des ordres, comme de faire des sieges de places, d'entrer dans un autre pays, que celui où il a été envoyé; de déclarer la guerre, de faire la paix ou la treve, de hazarder une bataille, &c.

Il faut avoir un grand soin de chasser l'oisiveté d'entre les soldats, leur présenter incessamment une image de la guerre, & pour cela les exercer souvent au maniement des armes, leur faire faire les exercices, les faire monter en garde, leur faire remuer la terre, leur enseigner à faire des retranchemens, & afin de les porter avec plus d'ardeur à ces différens ouvrages, proposer des récompenses, qui soient utiles & glorieuses, à ceux qui se seroient le mieux acquittés des choses qu'on leur auroit commandées.

VIII. *A quoi on doit occuper les soldats quand il n'y a point de guerre.*

La vie des Lacédémoniens étoit un perpétuel exercice pour la guerre; leurs jeux & leurs danses étoient toutes militaires, & ils mêloient toujours quelque chose de martial dans leurs plaisirs. Alexandre exerçoit continuellement ses troupes; & enfin les Romains mêmes ne les laissoient jamais sans les occuper aux emplois de leur profession, & avoient des maîtres à cet effet, qu'ils nommoient *campi doctores*.

Il faut faire ensorte que leurs armes ne leur semblent pas plus pesantes que leurs bras & leurs mains. Il est outre cela très-à-propos d'employer les soldats à travailler chacun à quelque métier, afin de leur donner moyen de s'occuper utilement dans tous les lieux où ils se rencontrent, & en se garantissant de la nécessité de la paresse & de la débauche, de se conserver dans

ou Traité de la Guerre. 41

une exacte observance de la discipline militaire, dont la sévérité ne se doit jamais relâcher. C'est elle qui fait les soldats vaillans, qui produit les triomphes, & qui a rendu le peuple Romain le maître de tant de puissantes nations; car avoient-ils plus de gens que n'en avoient les Espagnols? plus de valeur que les Gaulois? plus de force que les Allemands? plus de richesses & d'amis que les Carthaginois? plus de sçavoir que les Egyptiens? & plus d'expérience que les Grecs? Les plus grands de Rome ont préféré la bonne discipline des armées à l'amour qu'ils devoient à leurs propres enfans (1). C'est en un mot par-là que les gens de guerre sont instruits à vouloir bien faire, à être justes, à craindre la honte, à aimer la gloire, à révérer leurs capitaines, & en obéissant aux commandemens qu'ils

---

(1) L'an 413 de Rome, Manlius Torquatus fit trancher la tête à son fils, pour avoir accepté, contre sa défense, la bataille qui lui fut offerte par l'un des chefs des Latins, quoiqu'il fût demeuré vainqueur.

en reçoivent, à méprifer les périls, furmonter les difficultés les plus âpres, & enfuite pour finir leurs travaux à vaincre leurs ennemis. Il faut pardonner rarement aux foldats, parce que le châtiment les appaife, & les retient plus que la clémence ne feroit; & d'un autre côté il ne faut jamais fouffrir que leurs bonnes actions demeurent oubliées, ni qu'elles foient fans être honorées de louanges & de reconnoiffance.

Je parlerai ci-après de la recompenfe & de la punition. C'eft avoir affez difcouru des armes en ce qui regarde la paix; paffons à ce qui regarde la guerre.

CHAPITRE III.

I. *Des préparatifs qu'il faut faire pour la guerre.* II. *Des qualités d'un général d'armée.* III. *Des diverses espèces de guerres.*

I. *Des préparatifs qu'il faut faire pour la guerre.*

On a eu grande raison de dire qu'il falloit employer un long temps à se préparer à la guerre, & que cette sage lenteur étoit le moyen le plus certain de vaincre promptement. Mais ce n'est pas assez qu'un prince ou une république, ait des troupes nombreuses & bien aguerris, comme nous l'avons dit au chapitre précédent, il faut qu'on ait fait une provision suffisante d'argent, d'armes, & de munitions. Sans l'argent les armes deviennent inutiles entre les mains de ceux qui les portent; comme le bras ne nous seroit d'aucun ufage, fi nous manquions de nerfs pour le faire mouvoir. Qui ne fçait pas que le confeil & l'argent conduifent & achevent dans la guerre la plus grande partie des exécutions confidérables ? Il eft tout de même d'une indifpenfable néceffité d'avoir des arfenaux remplis de toutes fortes d'armes, de poudres, d'artillerie, de pelles & autres inftrumens, afin que s'il arrive quelque fâcheux événement, on puiffe incontinent remettre des gens en campagne, & les armer, pour rétablir la perte que l'on auroit faite, & empêcher que les ennemis victorieux ne tirent avantage des faveurs qu'ils auroient reçues de la fortune. Les munitions de bouche feront pareillement amaffées de toutes parts, & on doit en faire des magafins en lieu d'où l'on puiffe commodément les tranfporter dans les armées. La prévoyance des Romains eft digne en ce point de fervir d'un immortel exemple à tous les politiques du monde. Les troupes manquant de vivres, tombent dans le dernier désespoir, & une armée affamée est mal disposée à rendre obéissance à ses capitaines.

II. *Des qualités d'un général d'armée.*

Mais que tous ces préparatifs seroient inutiles, s'il n'y avoit un général capable de commander! Une armée dépourvue de son chef, est une bête qui n'a point de tête, & elle ne peut produire aucun effet : de même qu'un instrument de musique, encore qu'il soit monté de cordes excellentes & bien accordées, ne rend point de son, si quelqu'un n'y porte la main, que même ce son est harmonieux ou discord, suivant le sçavoir ou l'ignorance de celui qui le touche. Un général d'armée ne doit pas seulement avoir les qualités que j'ai ci-devant dit être nécessaires aux capitaines, mais il faut encore qu'il les possède dans le suprême degré ; & il y doit ajouter la libéralité, pour récompenser abondamment les soldats qui lui auront donné quelque insigne marque d'obéissance & de valeur. Il doit tenir ses desseins tellement secrets, que personne ne puisse pénétrer dans ses conseils. Qu'il ait l'art de découvrir les desseins de ses ennemis ; qu'il soit d'une vigilance infatigable ; qu'il visite incessamment ses quartiers ; qu'il soit présent partout ; qu'il soit intrépide, & pourtant qu'il ménage prudemment sa liberté & sa vie ; car de son salut dépend celui de toute l'armée. Qu'il renonce aux plaisirs & à la volupté ; qu'il soit humain dans le plus fort de la justice ; qu'il sçache conserver ses soldats, sans les exposer téméraitement au péril ; qu'il les connoisse tous (1) ; s'il est possible, en telle sorte qu'il les

---

(1) Aujourd'hui que les armées sont beaucoup plus nombreuses qu'elles ne l'étoient lors de l'impression de cet ouvrage, il n'est guère possible que tous les soldats soient connus du général ; mais il doit connoître tous les officiers.

puisse nommer chacun par son nom ; qu'il ait une prévoyance singuliere pour les malades & les blessés ; qu'il les visite quelquefois, les console lui-même, leur donne quelque argent, envoie des rafraîchissemens à ceux qu'il jugera en avoir besoin : qu'ainsi les hôpitaux de son armée soient pourvus de médecins, & de toutes choses nécessaires ; & que l'abondance y soit mieux entretenue que dans sa propre maison ; qu'il donne ordre que les vivres qu'on apportera au camp, n'aient aucune qualité qui puisse faire naître des maladies parmi les troupes ; que les soldats soient toujours occupés, qu'il les empêche de boire trop de vin, & de s'enyvrer : qu'il oblige ses officiers à vivre avec ménage, défendant la délicatesse des tables, toutes dépenses superflues, & principalement le jeu autant qu'il se pourra ; qu'il fasse ensorte que tout soit net & propre dans le camp ; qu'il maintienne la bonne intelligence entre tous les particuliers, assoupisse tous leurs différends, punisse sévérement les querelles : qu'à l'exemple de Scipion il chasse, de son armée, toutes les personnes de mauvaise vie, & qu'il souffre peu de valets; ce sont bouches inutiles, qui consomment beaucoup, & dont le trop grand nombre nuit au lieu de servir : surtout qu'il soit homme de bien, & qu'il maintienne la religion & le culte de Dieu parmi les siens ; que les blasphémateurs soient châtiés exemplairement ; que les aumôniers des régimens soient doctes & de bonnes mœurs, & s'il se peut de sainte vie, qui aient un soin charitable des soldats, les visitent & les instruisent comme un curé feroit ses paroissiens : qu'ainsi on ait sujet de les respecter, de croire à leurs avis, & de les aimer : qu'enfin le général d'armée soit d'une foi inviolable, & que sa parole soit infaillible. Il ne doit pas être étranger, & il faut qu'il soit

d'un

d'un âge à pouvoir enfemble avoir de la vigueur & de l'expérience ; qu'il foit maître des opérations, faifant & faifant faire aux ennemis ce qu'il fouhaitera. Qu'il parle peu, ait toujours le vifage content & affuré, cache fes défiances, fes craintes & fes pertes, & fe garde bien de laiffer paroître qu'il ait conçu des efpérances frivoles & téméraires. Si un général a toutes ces qualités, il confervera, parmi fes troupes, la difcipline, l'ordre, l'obéiffance & la confiance, qui produiront enfuite la hardieffe, la valeur & les victoires ; & en fe rendant redoutable à fes ennemis, il les engagera d'avoir pour lui de la vénération, & même de l'amitié.

Je ne puis oublier à ce propos un excellent mot de l'antiquité Grecque, qu'un homme fage peut tout feul vaincre plufieurs milliers d'imprudens.

III. Des diverses especes de guerre.

Il y a deux sortes de guerre. La premiere est domestique ou civile, si pourtant on la peut nommer ainsi, quand les concitoyens prennent les armes les uns contre les autres : la seconde, quand on a quelque chose à démêler avec un état voisin ou étranger.

La guerre se fait ou sur terre, ou sur mer.

Elle est offensive ou défensive. Elle regarde la campagne ou les villes.

Je parlerai séparément & par ordre de ces différentes especes.

ou Traité de la Guerre.

CHAPITRE IV.

I. *De la guerre étrangere offensive.* II. *Ce qu'il faut pour rendre une guerre juste.* III. *Ce qu'il faut faire avant que de commencer la guerre.* IV. *De quel nombre d'hommes une armée doit être composée.* V. *De la guerre de campagne, du lieu de l'assemblée, ou du rendez-vous, & comment il faut entrer en pays ennemi.* VI. *Des campemens.* VII. *De la marche.* VIII. *Des défilés.* IX. *Des passages de rivieres, de marais, de bois & de montagnes.* X. *Des embuscades, & autres ruses de guerre.* XI. *Des rencontres.* XII. *Des terreurs paniques, des fuites, des ralliemens.* XIII. *Ce qu'il faut faire pour suivre un ennemi qui fuit, & qui est en désordre.* XIV. *Des batailles.* XV. *Ce qu'il faut faire après* qu'on a gagné une bataille. XVI. Des blessés, des morts & des prisonniers. XVII. Ce qu'il faut faire après qu'on a perdu une bataille. XVIII. Des retraites, comment il faut les faire en pays ennemi.

I. *De la guerre étrangere offensive.*

JE commence cette dissertation de la guerre, par celle que l'on fait aux étrangers quand on les attaque, soit pour leur demander raison de quelque injure, de quelque interruption de commerce, ou de quelque infraction d'alliance & de traité, ou soit qu'un Prince veuille faire des conquêtes. Il est à propos de discourir premiérement de cette sorte de guerre, parce qu'il semble que non seulement c'est celle qui fait le plus de bruit, & où il y a le plus d'éclat, mais encore que c'est la source & le principe de toutes les autres.

J'ai dit sur la fin du premier chapitre de ce Traité, que la guerre étoit aux Rois un moyen d'acquérir : cette proposition est véritable, pourvu que la guerre qu'on entreprend soit appuyée sur des fondemens justes & solides ; car si un Roi, de gaieté de cœur (comme nous disons), entroit en armes dans les terres de ses voisins, il ne pourroit pas retenir de droit ce qu'il auroit pris par violence, & contre toute apparence d'équité ; & quelque traité qu'il fît, il n'acquerroit jamais la paix intérieure, qui est la paix fondamentale ; car enfin, quoique la guerre soit de la disposition du droit des gens, aussi-bien que la division des empires, quand une fois cette division est faite, & qu'elle a été entretenue par une longue & immémoriale possession, il est certain qu'on ne peut intervertir cet ordre & cet usage, sans en avoir des raisons très-considérables.

C iij

II. Ce qu'il faut pour rendre une guerre juste.

Il faut donc observer trois choses pour faire qu'une guerre soit juste.

La premiere, que ce soit un Prince ou un état souverain qui l'entreprenne; les particuliers n'ont aucun droit d'user de la voie des armes : ceux-ci ont les loix, & les magistrats au dessus d'eux qui leur font faire justice ; ce que n'ont pas les monarchies ni les républiques, qui souvent ne reconnoissent d'autres regles que leur intérêt & leur gloire.

La seconde observation qu'il faut faire, est de la cause qui fait naître la guerre : cette cause doit regarder le bien & l'utilité du public, & dans laquelle une nation toute entiere se trouve engagée. Il est d'une extrême conséquence d'avoir un sujet légitime de prendre les armes, & que les amis & les ennemis en soient également persuadés ; cette connoissance donnant toujours secrétement de la confiance & de la hardiesse aux uns, de la crainte & de l'abattement aux autres.

La troisieme observation qu'il y a à faire, c'est de la fin qu'on se propose en faisant la guerre. Cette fin doit être la paix, comme le centre où tous les hommes tendent, suivant leur naturelle inclination, & où seulement ils rencontrent le calme qu'ils ont recherché par leurs travaux. Ainsi il est à propos qu'un Roi, qui arme, publie les raisons qu'il a de dénoncer la guerre à ses voisins, & que ses manifestes en instruisent tout le monde. En faisant connoître la justice de ses intentions, il s'attire les vœux des gens de bien, & met en même temps de son côté la puissance & le bras de Dieu, dont le secours est si nécessaire, que s'il manque à tous les hommes de la terre unis & de concert ensemble, leurs desseins se confondent & s'évanouiſſent. Les armes de Dieu ſont toujours victorieuſes; les traits en ſont inévitables. Qui peut ſe mettre à couvert de ſes foudres ? qui peut ſe garantir des tempêtes qui combattent pour lui, & des maladies qui renverſent l'orgueil de ſes ennemis? Enfin où pourroit-on chercher un aſyle, afin d'éviter ſa colere épouventable ? & où faudroit-il aller pour ſe dérober à ſa vengeance & à ſon indignation ?

Il faut donc qu'une guerre ſoit juſte, & toute juſte qu'elle peut être, il faut outre cela qu'elle ſoit entrepriſe avec toute la prudence dont l'eſprit humain peut être capable. Jamais un monarque, quelque puiſſant qu'il ſoit, ne doit mépriſer les forces, & non pas même la foibleſſe de ſes ennemis. Il y a des coups de fortune dans la guerre, ou pour mieux dire, des coups de providence, qui ne ſe peuvent concevoir. Cette providence, que je puis ici appeller le deſtin chrétien, *fatum chriſtia-*

num, conduit jusques aux moindres coups qui se donnent dans un combat : elle gouverne la main qui frappe, & porte la balle qui tue, & cela parce qu'en un mot rien dans l'univers ne se fait que par son ordre immuable & éternel. Dieu préside à tous les événemens ; le hazard n'y a aucun pouvoir, & ce hazard est une chimere, que l'ignorance & l'aveuglement des hommes leur a fait vainement imaginer.

III. *Ce qu'il faut faire avant que de commencer la guerre.*

Quoiqu'un grand Prince ait des forces prêtes & bien disposées à exécuter ses commandemens ; quoique la guerre qu'il veut entreprendre soit sur des fondemens raisonnables, il est toujours de sa grandeur & de sa dignité de tenter toutes les voies de la douceur, avant que d'en venir aux moyens extrêmes. Il doit se souvenir, au milieu de l'agitation de ses pensées incertaines & flottantes, qu'il est homme, & qu'ainsi il est obligé d'épargner le sang humain. Il doit songer que ceux qui, pour sa querelle prodigueront leur vie, ne la tiennent pas de lui, & que n'étant point en sa puissance de la leur donner, il faut qu'il exerce & qu'il emploie le pouvoir qu'il a de la leur conserver. Que si ce Prince, en se regardant dans l'élévation de sa fortune & de son autorité, se considere au dessus des hommes ordinaires, & que delà il s'estime participant de la Divinité, en étant une image vivante, il doit imiter la conduite de Dieu même, qui tonne longtemps avant que de laisser partir la foudre de sa main: de sorte qu'après qu'un Roi, par l'organe de ses ambassadeurs, aura demandé réparation des sujets qu'il a de se plaindre, il faut qu'il ajoute les menaces aux persuasions & à la raison: mais il faut qu'il dénonce la guerre avant que de faire aucun acte d'hostilité. Les dénonciations se peuvent faire, soit à la façon des Romains qui, en présence de témoins, lançoient un javelot dans la terre de ceux qu'ils déclaroient leurs ennemis; soit en envoyant un héraut, suivant notre ancien usage; soit en publiant des manifestes pour en avertir tous les Princes; ou bien en faisant publiquement des levées de troupes, & déclarant ouvertement le dessein que l'on a formé (1).

En effet, un Roi peut-il tourner ses forces contre un ennemi qui se soumet, & qui lui demande la paix, c'est-à-dire, qui lui demande des loix? Car celui qui donne la paix commande, & celui qui la reçoit obéit. Enfin toute l'éloquence des orateurs pourroit-

___

(1) Les grands succès de la derniere guerre sont autant de preuves de l'excellence de ces principes. Ils ont été le fondement de la conduite de notre monarque; & l'on peut dire que jamais le ministere de la guerre n'a mieux possédé l'art du temps, & des circonstances.

elle fauver Rome du crime d'ambition & de cruauté, d'avoir ruiné l'empire des Carthaginois, dans le temps qu'ils donnoient au sénat une entiere puissance d'arrêter les conditions de leur traité ? Et de quelque splendeur que cet événement soit revêtu dans l'histoire, il imprime une tache qui ternit à jamais la gloire du nom Romain. Ces vainqueurs du monde ont plus mérité de louanges & de couronnes, par les faveurs qu'en ont reçues les nations qu'ils ont soumises, que par la désolation de celles dont ils ont voulu triompher. Là ils ont montré toute l'étendue de leur vertu ; ici ils y ont mêlé de la vanité & de l'ostentation ; là ils se sont fait estimer dignes de commander à tout l'univers ; ici ils ont fait voir qu'il falloit les appréhender comme des tyrans & des usurpateurs.

IV. De quel nombre d'hommes une armée doit être composée.

Les armées se doivent considérer comme tous les corps naturels, & comme toutes les autres sociétés civiles, lesquelles allant au-delà d'une juste proportion, se ruinent d'elles-mêmes, &, pour ainsi dire, s'accablent sous leur propre pesanteur : & en effet, il est impossible que l'union & la bonne intelligence se conservent entre une multitude excessive de gens, qui toujours different de tempérament & de mœurs, quoiqu'ils soient de même pays, & qu'ils parlent une même langue. Plus une armée est nombreuse, & plus facilement s'y glissent les maladies, la disette & même l'esprit de révolte, étant mal-aisé d'y maintenir l'ordre & la sévérité de la discipline. Au reste, on ne gagne point de bataille par la foule des combattans : ce n'est que par leur valeur; & une troupe de soldats ne se doit compter que par le courage qui les anime. A quoi servit autrefois aux Rois de Perse ce monde entier d'hommes armés qu'ils traînoient à leur suite ? Il semble, au contraire, que Miltiades, Thémistocles & Alexandre ne remportèrent successivement sur eux tant de fameuses victoires, que parce qu'ils avoient plus de forces, quoiqu'ils eussent moins de gens quoique barbares. (1)

Une armée de quarante mille hommes bien résolus & bien conduits, peut tout entreprendre, & pourroit sans témérité se promettre la conquête de l'univers. Ce qu'il y a outre ce

---

(1) L'histoire est remplie d'évènemens avantageux sur petites armées bien disciplinées, bien cherchés & bien commandées.

Alexandre n'avoit que 30000 hommes lorsqu'il passa le Granique.

Miltiade défit à Marathon 300000 Perses, avec 11000 hommes.

Thémistocles, à la bataille navale de Salamine, n'opposa que peu de vaisseaux contre les forces innombrables de Xerxès; mais il sçut profiter de l'avantage du détroit.

nombre est superflu, & ne fait même que de l'embarras & de la confusion : si dans ces corps de grandeur démesurée, &, pour mieux dire, de grandeur inutile, la fortune permet que quelque partie considérable vienne à s'ébranler, ou à se rompre, tout se trouble, & le mal, en se communiquant, se rend si dangereux, qu'on ne sçauroit plus y remédier ; c'est à peu près ainsi que, quand sur la mer, le vent éleve quelques vagues, ces vagues élevées en poussent d'autres, en telle façon qu'enfin la tempête s'étend partout, & devient universelle. D'ailleurs un général, au milieu de ces armées monstrueuses, est lui-même tout éperdu. Il ne sçauroit assurer le cœur des siens, parce qu'ils ne le voient pas ; & ne pouvant aussi porter la vue sur toutes ses troupes, il croit souvent le désordre plus à craindre qu'il n'est, ou bien il ignore par quel endroit il est nécessaire qu'il y donne du remede; de sorte que quelquefois sa défaite est assurée, & quelquefois irréparable, avant qu'on ait pu l'en avertir : le tumulte alors & l'image de la mort se confondant l'un avec l'autre, augmentent l'horreur du spectacle; & l'espérance que chaque particulier conçoit de pouvoir cacher sa honte dans la presse, & de sauver sa vie, lui fait penser à la fuite, & lui fait abandonner son rang & le combat. Les agitations de ces grandes machines se font avec tant de fureur, que rien ne peut y faire de résistance, ou en arrêter l'impétuosité. Mais dans les armées ordinaires, ces divers inconvéniens sont rares, & se peuvent éviter.

Je voudrois donc qu'une armée fût de quarante mille combattans au plus; & d'autant que toute extrémité est dommageable, je voudrois d'un autre côté que les plus petites fussent de six mille pour le moins.

Toute armée ne doit avoir qu'un général; & on a vu rarement que celles où il y en avoit plusieurs, aient fait des progrès avantageux. Il ne peut y avoir trop de maréchaux de camp, (1) & autres officiers généraux, d'autant que les troupes en sont regardées de plus près, & par conséquent elles s'attachent plus fortement & plus régulièrement au service.

V. *De la guerre de campagne, de l'assemblée ou du rendez-vous, & comment il faut entrer en pays ennemi.*

La premiere espece de guerre dans le genre de celle que j'appelle offensive, est la guerre de campagne, ainsi nommée à raison de l'objet que l'on s'y propose. Or les troupes étant préparées & en disposition de s'employer, on leur assigne un lieu auquel elles se rassemblent des différens endroits d'où

---

(1) Il n'y avoit point alors de lieutenans-généraux, ni de brigadiers.

on les a tirées ; & après que chaque compagnie est arrivée à ce rendez-vous, le général les fait mettre en bataille, les visite, en reconnoît le nombre & la qualité ; & là-dessus ayant pris ses dernieres résolutions, il entre dans le pays qu'il veut assaillir ; en quoi il est nécessaire qu'il s'attache aux regles de l'art, & que son esprit raisonne sérieusement sur toutes les mesures qu'il sera obligé de garder. Il faut donc qu'il considere premiérement l'état de son armée ; qu'il excite les soldats par ses caresses, & par l'espérance des récompenses ; qu'il fasse paroître qu'il les estime plus vaillans que leurs ennemis ; qu'il les persuade de la fertilité des terres qu'ils sont sur le point de conquérir. Ainsi Dieu fit entendre autrefois aux Juifs, que dans la Palestine il couloit des fleuves d'huile & de lait ; & il les convainquit de cette abondance par les prodigieuses grappes de raisin qu'il leur en fit apporter. Il faut aussi que notre général entretienne souvent ses capitaines du plaisir qu'ils auront quelque jour de se voir les maîtres de villes opulentes, & de riches possessions : qu'il leur fasse comprendre que leurs travaux, s'il s'y portent en gens de bien, seront suivis infailliblement de la gloire de vaincre, & que cette gloire sera couronnée d'une constante & assurée félicité. Enfin le conquérant à cet abord doit mêler si artistement les charmes du repos, ceux de l'honneur, des richesses, & même de la volupté, que les différentes passions de ses gens en étant flattées, augmentent en eux le desir de posséder ces avantages, & fassent naître dans leur cœur une ardeur impatiente de combattre, comme de surmonter les obstacles qu'on prétendroit opposer à leurs armes & à leur bonne fortune. Il ne faut pas surtout oublier d'exposer incessamment aux yeux d'une armée la justice de la guerre qu'on entreprend, afin qu'elle soit d'autant plus certaine, que Dieu sera de son côté. Il ne faut pas aussi manquer d'ajouter les menaces aux promesses, & l'effroi à l'espérance ; car ce n'est pas seulement par l'attente des louanges, de l'aise & des grandeurs, que la vertu est animée, elle se fortifie souvent par l'appréhension des châtimens, de la honte & de la pauvreté, ou, pour mieux dire, ces derniers moyens détruisent les vices qui la peuvent retenir dans une oisiveté languissante, & qui peuvent en empêcher le cours & les productions (1).

C'est par cette maniere que l'ordre & le courage sont introduits & maintenus dans les armées ; & ici il est à propos de rappeller l'ingénieuse fable des Egyptiens, qui disoient que l'harmonie étoit née des embrassemens de

(1) La gloire est le vrai & presque le seul sentiment dont le soldat François soit touché ; les menaces, dont parle l'Auteur, ne serviroient qu'à l'intimider : tel est l'esprit de la nation.

Mars & de Venus, & que Mercure avoit si bien préparé les nerfs du cruel Typhon, qu'il en avoit fait des cordes pour sa lyre. Ces sages idolâtres couvroient de ces sortes de fictions les mysteres de leur doctrine, pour ne la pas révéler à tout le monde. Ils vouloient enseigner aux hommes que le mêlange des travaux avec les plaisirs, étoit le principe du bonheur, & que la raison, qui est représentée par Mercure, avoit des expédiens pour adoucir le naturel le plus farouche & le plus barbare, quand même il le seroit autant que celui de Typhon.

En second lieu, un capitaine qui a fait un dessein de conquête, doit être informé de l'état où sont ceux qu'il se résout d'attaquer. Il doit en connoître les forces, les alliances, les coutumes & les mœurs. Il doit avoir des avis sur tout ce qui se passe dans leurs places, du secret de leur politique, & de leur gouvernement, des divisions qui font, ou que l'on peut faire naître parmi les plus puiffans d'entr'eux. Il doit chercher les moyens d'y jetter & d'y nourrir la défiance, la haine & la jaloufie. Il faut qu'il ait fait une étude particuliere des intérêts & des prétentions de tous les gens de qualité qui fe trouveront entre fes ennemis ; & s'il fe peut jufques à fçavoir leurs paffifions, leurs querelles, leurs affaires même domeftiques, & leurs dettes. Outre cela il doit avoir une fûre & entiere inftruction de la fituation du pays, des chemins, des quartiers qui font ouverts ou ferrés, des bois, des montagnes, des ruiffeaux, des rivieres, des ponts, des gués, des paffages, & en un mot des lieux d'embufcades, & de tous les endroits propres à faire les campemens. Il doit, dès le premier pas qu'il fait dans le pays ennemi, faire entendre aux peuples qu'il a eu une jufte raifon, & que même il a été forcé de prendre les armes ; protester qu'il ne sera rien changé dans l'exercice de la religion ; promettre grace aux criminels qui se rendront à lui, & déclarer quittes tous les débiteurs, qui se soumettront à ses ordres, & qui viendront implorer sa protection : qu'enfin il maintiendra les ecclésiastiques dans leurs dignités, les gentilshommes dans leurs terres, les marchands dans la liberté de leur commerce, les paysans dans le repos, & les magistrats dans leur autorité, pour la manutention des loix, & la dispensation de la justice.

Il faut d'un autre côté qu'il tienne des discours contraires pour ceux qui oseront lui résister ; dans l'un & dans l'autre des cas différens, prendre une conduite égale, & y demeurer fixe sans jamais s'en départir. Au reste les conquérans font contre leur intérêt, quand ils se contentent de tirer de légeres contributions des peuples, pour leur permettre de cultiver leurs terres. Ces sortes de traités sont, à proprement parler, des pactes d'alliance & de neutralité, lesquels donnent contre les commandans des soupçons de leur avarice, plutôt que des marques de leur prudence. Celui qui songe à conquérir, ne doit avoir personne entre l'ami & l'ennemi ; ce milieu étant toujours dangereux, & faisant toujours préjudice ; que si, bien loin de laisser aux paysans la commodité du labourage, & celle de vivre tranquillement dans leurs maisons, on faisoit des courses pour les en chasser, ou pour interrompre leur travail, il arriveroit qu'enfin ils seroient forcés de déserter. Ainsi seroit la terreur répandue à la campagne, d'où passant dans les villes, tout fléchiroit. Cette maniere de faire la guerre est sans doute beaucoup plus avantageuse que ne le sont les contributions, par le moyen desquelles on peut seulement trouver quelque soulagement à la dépense qu'on fait

pour

pour les garnisons; à quoi l'on ne doit pas regarder, cette diminution n'étant que d'une très-petite conséquence. Ni les Grecs, ni les Romains n'ont jamais levé de contributions de la qualité de celles qu'on a exigées pendant les dernieres guerres. Ils ont au contraire obligé leurs alliés de leur fournir des vivres; & il ne se trouvera point qu'ils aient entré en aucune convention de cette nature avec leurs ennemis. Une armée ne doit tirer sa subsistance que de ses progrès, & des lieux qui lui sont pleinement assurés. La maxime qui est contre les contributions est à suivre, soit que l'ennemi, qui défend son pays, ait des troupes pour faire tête à la campagne, soit qu'il n'en ait que pour la conservation de ses places; car ayant des troupes assez fortes pour résister ouvertement, il ruine lui-même son pays, en y subsistant en corps d'armée, & ne peut pas empêcher que ceux qui l'attaquent ne fassent cependant le dégât dans les champs, qu'ils ne tuent les hommes, qu'ils n'enlevent ou n'assomment les bestiaux, qu'ils ne brûlent les meubles & les maisons, & qu'en un mot, en répandant la frayeur partout, ils ne rendent la campagne solitaire & infructueuse; d'autant que ces sortes d'expéditions se peuvent faire par de petits partis qui dérobent leur marche, qui vont la nuit, & qui courent en cravates (1), sans s'arrêter longtemps en un même lieu.

Il reste à dire qu'il y a trois manieres différentes de conduire l'espece de guerre dont nous parlons.

La premiere est de remplir le pa[ys] ennemi de soldats, & d'enlever to[ut] ce qu'on y trouve de facile à transpo[r]ter. Cet usage est ordinaire aux Tu[rcs] & aux Tartares, & à quelques peup[les] de l'Asie & de l'Afrique.

(1) *Cravates* vient de *Croates*, espece de tro[upes] légeres de Croatie, province frontiere de Ho[ngrie]

La seconde est d'aller pied à pied, & prendre les places de guerre l'une après l'autre, s'établir dans ses quartiers, & faire enfin, pour conquérir, à peu près ce qu'on feroit pour se défendre, c'est-à-dire, ménager, temporiser, entrer en négociation, & être toujours à faire, ou à écouter quelque proposition nouvelle.

La troisieme, est d'aller à force déclarée, cherchant & poursuivant ses ennemis, se promettant tout de sa valeur & de sa fortune, occupant les terres, & prenant les autres biens, les divisant aux amis & aux soldats, faisant mourir les naturels du pays, les réduisant à la servitude, ou les transportant en des régions éloignées. Ç'a été anciennement la méthode de ceux qui ont entrepris quelque conquête, comme de Cyrus, d'Alexandre, de César, de Trajan & autres (1).

(1) Aucun de ces grands hommes ne fit mourir ceux qu'il avoit soumis.

La premiere façon est barbare, & n'est pas suivant nos coutumes : la seconde est trop languissante & trop incertaine ; car les conjonctures changent avec le temps, & l'un & l'autre des partis ruiné & fatigué de la guerre, souhaite & conclut la paix, sans avoir rien fait de considérable ; desorte qu'il le faut, ce me semble, rejetter ; & d'autant plus que les procédés lents & de peu de vigueur témoignent de la foiblesse en celui qui attaque.

La troisieme est plus selon nous, & est plus selon le bon sens, que ne sont les précédentes : mais le christianisme adoucit cette rigueur qu'on y gardoit autrefois. On ne sçait plus ce que c'est que de faire mourir les prisonniers ; ils ont la vie sauve, & recouvrent leur liberté pour une rançon modique. On ne fait plus de transportations, & les vainqueurs prennent à tâche de faire sentir aux vaincus de l'humanité & de la commisération, au delà même de ce qu'ils auroient droit d'en attendre.

Mais il y a une derniere façon de faire de grandes conquêtes, qui sans doute est plus humaine & plus héroïque que celles dont je viens de parler. L'histoire ne nous en fournit qu'un exemple précis, encore pour en faire la découverte, est-il nécessaire de remonter jusques à l'antiquité la plus éloignée & la plus profonde. Il ne faut employer en celle-ci ni le fer, ni le feu : on n'y verse point de sang, on n'y fait point répandre de larmes, on n'y cause point ces longs & terribles malheurs, dont les suites sont si funestes. Les vaincus au contraire ont de la joie de leur défaite, & courant en foule pour recevoir le joug qu'on leur présente, ils sont ravis d'accroître le triomphe de leur vainqueur. Le conquérant n'a besoin ici que de son nom pour tout assujettir à son empire, & la renommée par le bruit de ses actions, lui prépare les hommages de tous les cœurs. Quand Osiris, Roi d'Egypte entreprit la conquête de l'Ethiopie & de tout l'orient, il joignit, dit-on, à ses troupes les neuf muses, conduites par Apollon même. Mercure étoit le premier de ses ministres, & Pan le généralissime de ses armées. Ce prince qui, par sa prudence merveilleuse, avoit acquis le titre de Dieu de Nize, ville de sa naissance, & celui d'Osiris, qui signifie qui a beaucoup d'yeux, ou pour mieux dire, qui voit tout, lui de qui la mémoire a été sanctifiée avec un applaudissement si solide & si effectif, que des peuples grands, sages & religieux, ont, pendant le cours de plusieurs siecles, adoré Dieu sous son nom, qu'ils ont même donné, comme un éloge, au Soleil, dans lequel ils reconnoissoient une divinité suprême ; ce prince, pour conquérir la plus grande partie de l'univers, joignit à ses troupes les muses & les dieux, c'est-à-dire les arts & la justice : il fut suivi des satyres, qui dansoient au son des flûtes & des autres instrumens rustiques. Ces satyres repréfentoient l'abondance & les plaifirs : enfin il entretenoit la discipline dans ses troupes avec tant d'exactitude & d'équité, qu'il faifoit croire à tout le monde que fes armes devoient répandre la joie & le repos par tout l'univers. Aucun de fes soldats ne s'échappoit pour aller au pillage, ni pour faire la moindre violence ; de forte que les nations charmées venoient lui demander des loix, croyant ne pouvoir affermir leur bonheur que par leur obéiffance & par leur foumiffion. Nous touchons au moment précieux où nous pourrons voir en effet les merveilles que la fable ne nous avoit annoncées que parmi des ombres, & fous le récit myftérieux d'une aventure feinte & inventée. Le Roi, qui est le véritable Ofiris & le foleil de nos jours, entreprend la guerre, & ses armes sont véritablement accompagnées des muses & du secours du ciel, c'est-à-dire de la justice de sa cause, & tout ensemble de la lumiere & de la vivacité de ses conseils, en un mot, de la force & de l'éclat de sa vertu. N'avons-nous pas tout sujet de nous promettre que ses entreprises auront un succès aussi beau qu'eurent autrefois celles d'Osiris, & qu'après qu'il aura établi la douceur & les biens de la paix par toute la terre, la France le reverra triomphant & chargé de lauriers immortels, honoré d'amour aussi bien que de l'admiration de tous les hommes ? & pour parler de sa majesté comme un ancien évêque a fait de l'empereur Arcadius, nous reverrons son auguste tête ornée des couronnes de tous les différens pays que son bras aura subjugués, de la même maniere que son ame royale sera enrichie de toutes les beautés de la sagesse.

Je remarquerai, pour finir cet article, que les Romains avoient une conduite admirable dans toutes leurs entreprises de guerre. Ils demandoient d'abord ce qu'ils croyoient être équitable, & ensuite quelque chose qu'il arrivât, ils ne se relâchoient jamais : en faisant autrement ils auroient cru ternir la splendeur de Rome. Ainsi par leur patience & leur invincible fermeté, ils ont fait monter leur puissance au point que nous sçavons. Il est certes de la dignité & de la majesté d'un grand empire, de ne rien retrancher de ce qu'il a une fois prétendu ; car si sa prétention est juste, c'est ou foiblesse ou lâcheté de s'en départir ; si elle est déraisonnable, c'est témérité & injustice de l'avoir poursuivie ; de sorte qu'une demande étant faite, il y va de l'honneur & de la réputation de tout un état de la soutenir.

VI. *Des campemens.*

L'art de bien asseoir un camp, & d'y établir les troupes, & les y mettre

D v

à couvert des surprises & des incursions de l'ennemi, est une des principales qualités d'un grand capitaine : elle contribue davantage à conduire une guerre heureusement. C'est à quoi les Grecs & les Romains ont employé une extrême diligence : il nous reste encore des vestiges du soin qu'ils y ont apporté. Ces deux triomphantes nations, qui l'une après l'autre ont conquis tant de provinces étrangeres, & dont les coups de prudence & de valeur sont marqués dans l'histoire par des traits qu'on ne peut effacer, avoient judicieusement compris que les camps étoient nécessaires pour retenir les armées dans les limites du devoir ; que c'étoit une école où les soldats apprenoient à vaincre, où leur obéissance étoit conservée, & où les capitaines affermissoient l'autorité des commandemens. Ils en faisoient des asyles contre la mauvaise fortune, & des arsenaux où souvent dans les conjonctures les plus difficiles & les plus périlleuses, ils retrouvoient des moyens de ressource, & une derniere espérance. Enfin ces peuples guerriers, à qui nous sommes redevables des principes de la science militaire, ne nous ont rien laissé de plus sage, ni de plus digne d'imitation, que ce qu'ils ont pratiqué pour leurs campemens; & en effet une armée qui est campée, ne craint point qu'on enleve ses quartiers; étant réunie sa force en est plus grande, parce qu'on peut se servir de toutes ses parties en même temps, qu'on a plus de facilité pour envoyer des gens en parti, & qu'une même garde suffit à toute une armée; ce qui la soulage extrêmement. Il en arrive au contraire, si elle est éparse dans les villages: elle est incessamment exposée aux courses & au pillage des ennemis; on entend presque tous les jours parler de quelque nouvelle défaite, & que l'on a perdu des personnes de marque

& de service. Au reste, quand des troupes sont ainsi logées en quartiers séparés, il se fait une dissipation bien plus grande de fourrages & de vivres de la campagne, que quand tout le monde est renfermé dans un même camp, d'autant qu'il n'est pas possible alors d'y tenir la main, & d'y faire aucun reglement. Ces maximes étant certaines, il s'ensuit qu'il faut, s'il est possible, faire camper une armée qui prétend conquérir, & qui est dans un pays ennemi.

Les Grecs recherchoient ordinairement pour camper des lieux fortifiés par la nature : les Romains en choisissoient de commodes, & par leurs travaux & leur industrie réparoient ce qui manquoit à la situation.

Il faut considérer ici deux especes de campemens. La premiere, est de ceux que les armées en marche font quelquefois pour une nuit en passant, ou pour deux ou trois jours de séjour;

ou Traité de la Guerre.

à dessein de se reposer. On n'a pas grand besoin de fortifier ces sortes de camps, si ce n'est qu'on soit proche d'un puissant ennemi ; & en ce cas-là on peut tirer un retranchement pour se mettre à couvert du côté où l'on auroit le plus de sujet d'appréhender une attaque.

La seconde espece de campemens est de ceux que l'on fait sur la pensée de demeurer longtemps posté dans un même endroit, pour delà exécuter plus aisément les divers desseins que l'on peut former contre les ennemis. Ces camps doivent être fortifiés avec le plus d'art & le plus de soin qu'il sera possible. Il faudra distribuer les travaux par régimens, & faire que les soldats travaillent l'épée au côté (1),

---

(1) L'usage de ne plus fortifier les camps a prévalu ; des troupes retranchées se défendent mal : il semble que la raison qui fait ordonner les retranchemens part d'un principe dicté par la crainte, & c'est un sentiment qu'il ne faut jamais inspirer aux soldats. Il n'y a guere d'exemple que des camps retranchés aient tenu contre des attaques qui sont dans ce cas tou-

suivant la méthode des Romains. Il y a une regle à observer, c'est qu'un capitaine qui entreprend une conquête, doit établir ses principales forces dans un lieu avantageux, sans toutefois s'engager trop avant, ni s'enfermer, afin que delà il puisse se rendre maître de la campagne, & faire si bien que les habitans des villes n'en reçoivent aucune utilité. Il doit tirer de ce camp de petits corps que nous appellons des camps volans, comme aussi divers partis pour aller au loin chercher les ennemis, empêcher qu'ils ne se puissent assembler, tenir ouverts les passages, & faire marcher les vivres dans ce camp principal. Ce camp servira de place de sûreté & de retraite, & sera le magasin pour les armes,

jours très-vigoureuses. Quand la situation des lieux, ou l'infériorité en nombre, vous obligent de faire des retranchemens, on a grand soin de faire soutenir les travailleurs par des détachemens de cavalerie qu'on tient en avant, & par des corps d'infanterie. Il est bon que les soldats travailleurs soient munis de leurs armes offensives : l'épée que propose l'auteur n'est d'aucune défense, bien de régimens la déposent avant d'entrer en campagne.

pour le secours, & pour les munitions de bouche & de guerre ; de même que le seroit une ville qu'on auroit prise. Cette maxime ne doit avoir lieu que quand l'ennemi qu'on attaque, manque de force, & pour faire tête en pleine campagne, & qu'ayant beaucoup de places à garder, il ne peut en ôter les garnisons ; car quand au contraire l'ennemi est en corps d'armée, & en état de disputer ouvertement le terrein, alors il faut que celui qui entreprend la conquête aille droit à lui avec toutes ses troupes, & qu'il cherche le moyen de dissiper cette armée qu'on lui oppose, soit en donnant bataille, soit en lui coupant les vivres qui la faisoient subsister.

César en Espagne coupa les vivres à l'armée d'Affranius, lieutenant de Pompée, & la réduisit à une telle extrêmité, faute d'eau, que tous les soldats furent contraints de se venir rendre à discrétion.

Personne n'ignore que la situation d'un camp ne doive être de la même qualité que celle d'une ville. On a dit, il y a longtemps, que les camps étoient des villes, qui avoient des maisons de toile, & des murailles faites d'hommes. Ainsi un capitaine doit situer son camp sur une riviere navigable, s'il se peut, dans un pays fertile & abondant, peu éloigné d'un bois, & l'exposer au midi; en telle maniere pourtant, que le chaud y soit tempéré par un vent du nord; l'étendue en sera proportionnée à la grandeur de l'armée. Quant à la distribution des parcs, des quartiers & des places, cela regarde la castramétation; & quoique je n'entreprenne pas d'en traiter ici, voulant abréger la matiere, je dirai cependant que le général doit être logé dans le milieu; que les quartiers doivent être tellement disposés, que les officiers généraux qui les commandent, ne soient point éloignés du général de l'armée, afin d'être plus prompts à se rendre auprès de lui pour les conseils & les délibérations; que par cette même raison les mestres de camp ou colonels, doivent être proche des officiers généraux, les capitaines des régimens proche de leurs colonels, & les officiers subalternes proche de leurs capitaines, afin qu'en un moment tout soit animé du même esprit. Il y faut des places d'armes; il y faut des marchés, & que tout y soit tenu proprement & nettement. Quant à la forme, on n'en peut donner de regle certaine, non plus que de l'étendue, parce que cela dépend du lieu. Les Romains affectoient de faire leur camp de figure quarrée: les Grecs le faisoient rond & en ovale. Il ne faut se faire aucune nécessité pour cela, & la maniere que nous avons aujourd'hui de fortifier les places, doit ici avoir son effet. Ainsi il faut enfermer un camp de bons fossés, suivant le terrein qu'on remue ; élever une terrasse du côté du camp, pour servir de muraille ; soutenir les terres de pieux & d'arbres entiers, s'il est nécessaire : car je voudrois que ces terrasses fussent le plus à pied droit que l'on pourroit, parce que le talus sert aux ennemis, pour les faire monter quand ils attaquent le camp. Il faut d'espace en espace faire des redoutes en forme de bastions ou demi bastions, & en cas de nécessité, y mettre du canon ou de l'infanterie ; & parce qu'un camp est une véritable place de guerre, il faut que le général, ou pour le moins les officiers généraux qui sont de jour, visitent les corps-de-garde, fassent & fassent faire les rondes, avec la même exactitude que si le camp étoit assiégé par une puissante armée d'ennemis. Il ne seroit pas même hors de propos qu'il y eût un gouverneur du camp, avec les autres officiers de ce gouvernement, comme il y en a dans les villes. Il faut, outre cela, que l'on pose des gardes avancées & hors le camp; qu'incessamment, c'est-à-dire, jour & nuit, on envoye des coureurs aux nouvelles, & qu'il y ait des batteurs d'estrade, qui découvrent ce qui se passe à la campagne, encore bien qu'il n'y ait aucuns ennemis en marche, ni en état de faire d'entreprise.

Les Romains avoient quatre portes à leurs camps : il n'est pas de nécessité absolue d'observer cette maxime ; & on en peut avoir plus ou moins, selon qu'on le jugera à propos, & suivant les différentes avenues. Mais je desirerois que les portes fussent fortifiées de quelque ouvrage à corne, ou de quelque tenailles attachées aux lignes, & qu'on n'arrivât pas d'abord à ces portes.

Il reste quelques observations à faire pour les camps, lorsque les ennemis les attaquent.

La premiere est, qu'il ne seroit pa

hors de propos de miner pardedans les terrasses en divers endroits, afin que si les ennemis forcent les lignes, on puisse faire périr ceux d'entre les assaillans qui auront été les plus pressés.

La seconde, de faire un retranchement derriere les terrasses, à cent pieds en dedans, pour retirer ceux qui auroient été forcés aux premieres lignes, & arrêter les ennemis victorieux ; ce qui ralentiroit les uns, & redonneroit du courage aux autres.

La troisieme, seroit d'avoir des pointes de fer toutes prêtes, pour en semer la terre derriere les lignes, lorsqu'on prévoiroit une attaque, afin que les ennemis, soit cavalerie, soit infanterie, étant entrés, fussent arrêtés par ce moyen, & mis hors de combat. César se servit heureusement de cet artifice contre les Gaulois, quand il les défit devant Alise.

La quatrieme est qu'en même temps que les ennemis commencent une attaque, on fasse plier bagage, & qu'on mette l'armée en bataille dans l'espace du camp, comme on le feroit à la campagne. C'est un très-bon expédient pour empêcher l'effroi & le désordre, & pour rendre une forte résistance; & d'autant que ces sortes d'attaques se font ordinairement la nuit, il faut en ces occasions allumer des feux en plusieurs endroits.

La cinquieme & derniere, c'est de faire sortir des corps de cavalerie, qui prennent en flanc ceux qui feront l'attaque.

Ce que je viens de dire regarde les attaques qui se font de nuit : car quand des ennemis viennent en plein jour, le meilleur & le plus sûr parti qu'une armée campée puisse prendre, c'est, après avoir mis ensemble les malades, & tout le bagage, sous la garde de quelques régimens, de sortir du camp, soit en rasant partie des lignes, soit en sortant par les portes, & de venir droit aux ennemis. Tel a été l'ufage des Romains.

Je parlerai ci-après de la police des camps, quand je parlerai de la difcipline.

VII. *Des marches.*

Il eft difficile de donner des préceptes certains pour les marches d'armée, étant néceffaire de les faire felon le pays où l'on eft. Tous ceux qui ont quelque teinture de la guerre, fçavent qu'en pays ferré & coupé de foffés, il faut marcher d'une façon, & en pays ouvert d'une autre. Il faut tout de même marcher différemment dans les pays de montagnes, & dans les pays marécageux. Il eft toutefois conftant qu'il faut mettre, autant qu'on le peut, l'artillerie, les munitions & le bagage en fûreté & à couvert des ennemis, & par des coureurs, fçavoir, en quelque pays qu'on foit, ce qui fe paffe à une lieue à la ronde; la principale adreffe de la guerre étant d'être bien informé des desseins de l'ennemi.

VIII. *Des défilés.*

Quand un général d'armée prévoit qu'il se trouvera quelque défilé sur sa marche, qu'il ne lui sera pas possible d'éviter, il ne doit pas s'y engager sans avoir fait reconnoître les lieux, sans avoir sçu s'il y a des troupes ennemies en campagne, qui puissent lui causer quelque dommage, & sans avoir fait occuper par des corps de cavalerie ou d'infanterie, les postes principaux qui s'y rencontreront, comme par exemple, l'entrée & la sortie de ce défilé, les bois, les fonds & les éminences ; que s'il sçavoit être en pleine sûreté, & qu'il n'y auroit aucun empêchement à craindre de la part des ennemis, il seroit obligé de prendre ses précautions avec la même diligence & la même application que s'il y avoit une armée en état de lui faire obstacle. La raison est, qu'en matiere de guerre il ne faut rien mépriser, parce que les moindres fautes y sont irréparables : la dissipation d'une armée arrive très-souvent par un mouvement secret, momentané & presque imperceptible; & on sçait que cette ruine entraîne quelquefois après soi la désolation de tout un grand état. Un général ne sçauroit avoir trop de défiance, quand il est question de maintenir le repos & la gloire d'un royaume, & de conserver la fortune, la vie & l'honneur des braves gens qui se trouvent dans le service.

La seconde raison de cette précaution, c'est qu'il est de la prudence d'un capitaine de ne faire jamais rien qui paroisse extraordinaire à ses soldats, d'autant que la frayeur se peut glisser parmi ses troupes, lesquelles voyant qu'on prend des mesures autres que celles qu'on a coutume de prendre, en sont surprises; & après avoir passé
de

de la surprise à l'étonnement, elles vont de l'étonnement à la crainte, & de la crainte au désordre; d'où il est difficile de les rappeller. Ainsi il est très-nécessaire que la façon d'agir d'un général soit toujours égale; qu'en tout temps il envoye des coureurs aux nouvelles, qu'il fasse même quelquefois avancer des régimens pour se saisir d'un passage, ou de quelque poste considerable, quoiqu'il sçache bien qu'il n'y en a aucune raison pressante : mais il en doit user de cette sorte, afin que les soldats ne puissent remarquer qu'en quelque occasion qui survienne, il ne fasse rien d'étrange ou de nouveau, & qu'au contraire, ils aient lieu de croire que toujours il se tient dans une sage défiance, sans qu'ils se puissent appercevoir quand il y aura quelque péril proche (1). Je prie le

(1) Cette précaution est d'autant plus nécessaire qu'elle tient les hommes & les chevaux en haleine; elle peut d'ailleurs procurer des avantages auxquels on ne s'attend pas.

E

lecteur de se souvenir de cette maxime; & au contraire si un général d'armée juge que son ennemi sera forcé de s'engager dans un défilé, il faut qu'il ménage le temps, les conjonctures & ses forces, avec tant d'adresse & de soin, qu'il en tire toujours quelque profit de conséquence.

Il ne faut pas manquer d'observer ici, comme une vérité perpétuelle & principale dans la guerre, qu'un capitaine doit si bien régler sa conduite, que si dans toute l'étendue d'un pays il y a quelque lieu difficile, il y embarrasse insensiblement son ennemi; car qui sçait bien se servir de ces sortes d'avantages a toujours le dessus, & obtient enfin le titre de grand capitaine (1).

Je ne dis rien de l'ordre qu'il faudra garder en passant un défilé, parce que cela dépend des lieux, & de la

___
(1) C'est ainsi que M. de Turenne en usoit, & c'est à son habileté, à cet égard, qu'il a dû les plus grands succès.

difficulté qu'on y aura : on peut trouver les ennemis en tête, on en peut être suivi; une armée est forte & résolue, ou elle est foible & mal aguerrie : quelquefois on a beaucoup de bagage, beaucoup de munitions, d'artillerie & de vivres; à quoi il faut toujours pourvoir : enfin il y a mille choses qui naissent dans le moment, & sur lesquelles étant nécessaire de prendre des résolutions promptes & décisives, il n'y a point de préceptes à donner : un général doit alors consulter son expérience, & s'en rapporter à son jugement (1).

IX. *Des passages de rivieres, de marais, de bois & de montagnes.*

Un général d'armée qui s'engage dans le pays ennemi, se doit assurer

(1) M. le Maréchal de Coigni dut au sien le plus billant exploit de la guerre derniere. On sçait que les ennemis ayant passé le Rhin en 1744, le conseil de guerre opina que l'armée Françoise se retirât sous Landau : ce général fut d'avis au contraire d'attaquer les lignes de Weissembourg; ce qui réussit pour sa gloire, & dans des circonstances où la France avoit tout à craindre.

d'un passage sur chaque riviere, afin d'être maître du commerce, d'avoir la liberté d'avancer ou de se retirer, d'exécuter ses premiers desseins, ou d'en faire de nouveaux, & enfin de tirer de la subsistance de différens endroits; le tout suivant que les occasions s'en présenteront. Mais comme bien souvent il arrive qu'on est obligé de faire passer un fleuve à une armée, soit pour aller aux ennemis, soit pour les éviter, soit pour quelque autre raison, & qu'on n'a pas le temps d'aller chercher le lieu de passage, dont on est assuré, il faut alors qu'un capitaine se serve de toute son industrie pour vaincre la difficulté qui se pourroit rencontrer, ou profiter de la commodité qu'il y peut avoir. Quelquefois les ennemis sont de l'autre côté du fleuve pour en disputer le passage, ou ils sont en un état qui contraint l'armée de passer, ou bien l'eau est profonde & rapide, & les bords élevés, ou bien on manque de matiere pour faire quelque pont, ou bien au contraire il n'y a aucun de tous ces différens obstacles.

S'il y a des troupes sur le bord opposé, résolues de défendre le passage, il est très-périlleux de le tenter, & c'est exposer ses soldats à une défaite presque certaine, surtout si les ennemis ont de l'artillerie; car trente pieces de canon & mille mousquetaires à couvert, défendront mieux un passage de riviere, que ne fit autrefois Porus avec toutes ses forces & tous ses éléphans. Il faut en ce cas-là que le général cherche secrétement un passage au dessus, ou au dessous du lieu auquel les ennemis seront postés, & qu'il le fasse la nuit, avec ce qu'il faudra de gens pour faire un logement (1).

(1) C'est ce que fit Alexandre au passage de l'Hydaspe. Il n'y a pas d'apparence que sans un stratagême, il eût pu traverser un fleuve si large & si profond, qu'il paroissoit comme une mer, & qui d'ailleurs étoit défendu par Porus lui-même, dont l'armée composée de 30000 hommes de pied, sans comp-

Mais pour ne me pas engager à discourir ici des difficultés que l'on peut faire, n'étant pas possible de les prévoir toutes, ni de proposer les remedes qu'il seroit nécessaire d'y apporter, je crois devoir m'arrêter aux moyens qu'on emploie ordinairement pour faire ces sortes de passages : il faut toujours faire sonder le fleuve que l'on veut passer, & sçavoir la hauteur de l'eau en divers endroits, & si le fond est de pierres, ou de sable, ou de bourbe, ou s'il est embarrassé d'herbes & d'arbres, que le hazard y auroit fait croître.

Le premier moyen de passer les rivieres, est celui des ponts de pierre ou de bois; c'est le plus sûr, pourvû que l'on puisse y passer l'artillerie, & avant que de commencer à marcher sur aucun pont, il faut faire deux choses; l'une, de le faire visiter par

ter ceux de cheval, avoit à sa tête 85 Eléphans d'une grosseur énorme, qui étoient soutenus par les chariots qui leur servoient de retranchement.

ou Traité de la Guerre. 103

des architectes, ou par des maîtres charpentiers; l'autre, d'envoyer à l'autre bout quelques troupes pour s'y loger, & pour s'en assurer contre tout événement.

Le second moyen est celui des ponts de bateaux, dont on a plusieurs modeles dans l'histoire ancienne & moderne, sur lesquels on peut apprendre l'art de les construire (1).

Le troisieme moyen est celui des ponts que l'on fait avec des tonneaux vuides bien reliés, qui seront attachés ensemble, ou avec des cordes, ou avec des chaînes.

Le quatrieme, est des ponts faits de vaisseaux de cuir, remplis de paille ou autre matiere legere. Les Anciens en ont usé en plusieurs diverses rencontres; ce qu'ils pouvoient assez aisément, parce que leurs tentes étoient de peaux de

---

(1) Les ponts de cuivre, dont les François sont inventeurs, sont plus modernes que n'est ce livre. Les Hollandois en firent de fer blanc en 1690, qu'ils perdirent avec la bataille de Fleurus.

E iv

bêtes, préparées pour cela. Nous ne sçaurions avoir de ponts de cette espece, & même ils nous feroient inutiles, attendu qu'ils ne pourroient porter le canon.

Le cinquieme moyen est de faire un pont de cordes; ce qui est extrêmement difficile, & ne pourroit servir que pour les gens de pied. Il est vrai que les chevaux passeroient à la nage.

Le sixieme moyen est de faire un pont de bois flottant, en attachant des poutres ensemble, & les couvrant d'ais & de claies, comme nous voyons flotter le bois sur les rivieres.

Le septieme est de faire une chaussée au travers du fleuve, laquelle seroit coupée par plusieurs endroits pour laisser libre le cours de l'eau, & les distances ou arches, feroient rejointes pardessus avec des poutres. Les Anciens faisoient des ponts de cette sorte; en jettant au fond de l'eau de grands panniers pleins de pierres.

Le huitieme moyen est de passer avec des bateaux, compagnie par compagnie.

Le neuvieme moyen est de passer à la nage ; ce que peu de gens pourroient exécuter.

Le dixieme, de passer à gué.

Le onzieme est de détourner le cours de l'eau, en faisant un nouveau canal. Cela s'est pratiqué plusieurs fois.

Le douzieme & dernier moyen, est de remonter jusques à la source des fleuves pour trouver un passage.

Les Romains portoient souvent avec eux dans les armées des matériaux pour faire des ponts : ils en enseignoient l'art à leurs jeunes soldats ; & à cet effet ils avoient des maîtres en chaque légion.

Les passages de marais se peuvent faire avec des claies ou des fascines & quelques pieces de bois : nous en avons un exemple excellent dans la guerre des Gaules (1).

Sous ce nom de marais, je comprends les pays inondés par le moyen des écluses ou autres que l'on couvre d'eau.

On peut aussi passer les marais en faisant des tranchées pour en tirer l'eau, ou bien en faisant une digue au travers. Ces ouvrages sont de grande dépense, & quelquefois on y consomme bien du temps inutilement.

Les bois, en Europe, se peuvent passer sans grande difficulté, pourvû qu'on ait de bons guides : mais il faut

---

(1) Labienus marchant vers Paris, ne put se servir du passage qu'il avoit fait à travers des marais avec des claies & des fascines. Il fut contraint de faire un pont avec 50 bateaux, qu'il trouva près de Melun. *Commentaires de César*, l. VII.

Peut-être l'auteur a-t-il prétendu parler du passage de César par un marais, lorsque ceux du Beauvoisis, & des pays voisins, après s'être révoltés, se furent retirés sur une montagne environnée d'un marais; mais ce fut au moyen des ponts que César fit jetter qu'il les joignit. *Supplément aux commentaires de César, par Hirtius ou Oppius.*

La marche d'Annibal dans les marais de Clusium, offre tout ce qu'il y a de plus habile dans ce genre. Voyez *Polibe*, l. III, ch. XVI. & le commentaire de Folard.

avoir toujours des corps avancés à la tête de l'armée, & des coureurs sur les aîles à droite & à gauche, pour découvrir s'il n'y aura point quelques troupes ennemies en embuscade. Je parle ici des bois d'Europe; car il s'en trouve ailleurs, comme dans l'Amérique, où l'on ne marche qu'avec la boussole, & qui étant d'une étendue presque infinie, on ne s'en retire jamais, si une fois on s'y est engagé trop avant, ou quand on s'y est égaré.

Les passages des montagnes, comme sont les Alpes, les Pyrénées & autres, se doivent faire avec une extrême prudence. Les chemins y sont inconnus & inaccessibles, & la marche d'une armée y est arrêtée de moment en moment. Les bagages ni l'artillerie ne sçauroient suivre : on y est enfin dans un péril continuel, & presque inévitable. Il faut toujours qu'un général, qui veut faire ces sortes de passages, soit assuré qu'il n'y a point d'ennemis cachés dans le sommet de ces montagnes, ou qu'il donne ordre qu'ils soient attaqués par des troupes qu'il détachera à ce dessein, & qui les iront chercher jusques dans leurs retraites; car autrement trois cens hommes sont capables de ruiner une grande armée: ils peuvent miner les chemins à l'endroit des plus affreux précipices; ils peuvent faire rouler d'enhaut, des rochers & des arbres entiers, dont on se trouve accablé, sans se pouvoir défendre; en un mot, ils peuvent fermer un lieu étroit, comme firent les Grecs aux Thermophiles. Mais pour voir des exemples de ces passages, il faut lire le quatrieme livre de la retraite des dix mille, Polibe quand il parle d'Annibal, Quinte-Curce & Arrian, en plusieurs lieux de la vie d'Alexandre, l'entrée des armées du feu Roi en Italie, les divers passages de Charles VIII, Louis XII & François I. Il y en a une description assez précise dans la nouvelle histoire de Bertrand du Guesclin, liv. 4; à propos de quoi je dirai ici, qu'un homme de guerre qui veut aspirer aux grands emplois, & se rendre considérable en cette profession, doit avoir lu & lire incessamment les commentaires de César, outre les anciens auteurs dont je viens de parler (1).

X. Des embuscades & autres ruses de guerre.

Les embuscades peuvent apporter de grands avantages dans la guerre; on fait des prisonniers, on pille des bagages, on enleve des convois & on tue des gens de commandement. Si on y attire à propos deux ou trois fois les ennemis, ils craignent toujours d'y retomber; & si d'un autre côté il arrive qu'ils aient quelques succès heu-

---

(1) L'art de la guerre renferme tant de parties différentes, qu'un officier qui aspire à devenir général, ne sçauroit trop méditer tous les ouvrages qui en traitent. Cette nécessité est plus grande aujourd'hui que jamais: tel passoit pour sçavant dans cet art il y a dix ans, qui ne seroit à présent qu'un homme fort ordinaire.

reux, ils ne poussent pas leur bonne fortune avec tant de vigueur qu'ils auroient fait, si cette crainte ne les avoit retenus; quand on est obligé de prendre la fuite, ils demeurent, s'il y a un lieu le moins couvert & le moins dangereux sur les chemins que tiendront les fuyards. Ce qui donne cependant le moyen à un officier de rallier ses troupes éperdues, & en les faisant revenir de leur étonnement & de leur désordre, les remener à la charge. Ainsi les vaincus deviennent souvent les victorieux : outre cela les embuscades formées avec intelligence & qui sont suivies du succès, aguerrissent les soldats, & leur donnent de l'audace, en les accoutumant à vaincre; acquiérent à un capitaine la réputation d'homme prudent, vigilant & actif, qui ne néglige rien, & qui ne perd aucune des occasions qui lui peuvent être favorables. Cette réputation entretient ses troupes dans la confiance, & leur perfuade que tout leur réuffira, quand elles entreprendront quelque chofe fous la fage conduite de leur général; & ces chofes font un effet tout oppofé dans l'efprit des ennemis.

La difficulté n'eft pas à dreffer les embufcades : on fçait bien qu'elles fe font ordinairement dans des lieux couverts, dans des chemins coupés & de traverfe, dans quelque pas de montagnes, ou à quelque défilé, ou à quelque paffage : mais les endroits de cette qualité étant toujours fufpects aux ennemis, ils ne s'y engagent pas fans les avoir fait reconnoître; de manière que toute la peine & toute l'adreffe, eft de les y faire tomber. On fe fert donc à ce deffein de fuites fimulées, ou de fauffes marches; ce que l'on met en ufage prefque toujours inutilement : car il n'y a que les novices qui ne fçachent pas fe parer de ces coups d'adreffe, & en éviter le péril. Il faut en cette matiere, comme en toutes les autres de la guerre, que le général fasse des coups de génie, & prenne sur le champ sa résolution, n'y ayant point de regle générale à établir en ce qui concerne les cas particuliers. On peut néanmoins observer, comme une maxime constante, que l'on doit perpétuellement se représenter de quel tempérament est l'ennemi avec qui on a affaire; car s'il est ardent & audacieux, & peu expérimenté, ou s'il a le courage élevé par quelque avantage remporté nouvellement, il sera aisé de le faire donner dans l'embuscade; si au contraire il est sage, & qu'en un mot il sçache son métier, il se tiendra dans une prudente modération. Les François, surtout les gens du monde, doivent se garder des embuscades: il n'y a point de nation que l'on y puisse plus facilement attirer; car d'autant qu'ils s'estiment vaillans au dessus de tous les autres peuples du monde, &

ou Traité de la Guerre. 113

qu'ils sont naturellement impérieux, ils sont les plus capables de tout hasarder, & les moins capables de se retenir.

Quand j'ai parlé des moyens dont on peut mieux se servir pour faire donner un ennemi dans quelque embuscade, j'ai tacitement expliqué les moyens qu'on a de s'en garantir, ce sont les contraires. Non seulement on peut faire une embuscade dans des endroits couverts, comme je le viens de dire, mais encore on en peut faire en pleine & rase campagne, comme Annibal la dressa contre Sempronius; exemple rare & excellent (1). Il est presque impossible qu'un ennemi,

---
(1) Ce fut avant la bataille de la Trébie qu'Annibal persuadé que Sempronius ne feroit pas fouiller en lieu qui lui paroissoit découvert, forma une embuscade de sa cavalerie Numide sur les bords d'un ruisseau. Elle lui fut d'un grand avantage, en chargeant par les derrieres les légions Romaines qui avoient en tête l'infanterie pesamment armée des Carthaginois. Pol. liv. III, ch. XV. On trouve dans le XVII ch. un exemple d'embuscade en lieu couvert, que dressa le même Annibal à Flaminius, avant la bataille de Thrasimene.

quelque avisé qu'il soit, évite cette sorte de surprise.

Or de quelque maniere, & en quelque lieu que l'on ait dressé une embuscade, il faut y garder un secret inviolable, & en commettre le soin à des gens qui soient braves, & qui aient une patience invincible. Du moment que l'embuscade sera dressée, il faut défendre à qui que ce soit de s'écarter, sur peine de la vie; & si quelqu'un, sans la permission du commandant, manque à cet ordre, il le faut punir sur le champ, sans remission (1); car il y a à craindre qu'il n'y ait quelque traître qui, sous prétexte de quelque nécessité, s'écarte & passe chez les ennemis pour les avertir. Il faut, outre cela, que toute l'embuscade se trouve cachée autant qu'il se pourra, & que tout le monde y soit dans un profond

(1) Quand après avoir fait l'appel, ce qu'on réitere souvent, il se trouve des soldats qui manquent, il faut lever l'embuscade, de peur que l'ennemi n'en ait connoissance par la défertion de ces soldats.

ou Traité de la Guerre. 115

silence. L'officier enverra quelque sergent, ou quelque soldat dont il sera assuré, pour découvrir ce qui se passe, afin de ne laisser pas échapper l'occasion, & de se tenir prêt. L'infanterie est plus propre aux embuscades, que la cavalerie : ce qui toutefois dépend de la situation des lieux. Quand les ennemis commenceront à paroître & à s'engager dans l'endroit où ils seront attendus, il faut que les gens de l'embuscade prennent bien leur temps, afin de faire un plus grand effet ; & sans rien précipiter, qu'ils attendent le moment le plus propre pour charger (1). C'est en cela que le commandant doit agir avec toute sa prudence, & sur quoi il n'est pas possible de donner de regle plus précise.

J'ai mis les embuscades au rang des artifices, ou stratagêmes de guerre,

(1) La précipitation des soldats François à tirer fait perdre le fruit de presque toutes les embuscades : on ne sçauroit trop leur défendre de tirer sans ordre, & les prévenir qu'ils ne doivent le faire qu'à brûle pour-

parce qu'elles ne sont pas entiérement de la force ouverte, & qu'il faut y joindre de la finesse à l'effort des armes; &, comme on dit, la peau du renard à celle du lion. Je trouve deux sortes d'artifices: la premiere, est de ceux qui se pratiquent ordinairement, dont l'usage est reçu de toutes les nations, & dans toutes les armées. On pourroit dire qu'ils sont du droit des gens, puisque les capitaines & soldats sont avertis, & doivent prendre leurs précautions pour s'en garantir: nous en avons une infinité d'exemples, que Polyen & Frontin ont pris soin de recueillir de l'histoire (1). Ceux-ci

―――――――
(1) Polyen étoit un Macédonien qui écrivoit du temps des Empereurs Antonin & Verus, à qui il dédié ses *Stratagèmes*: ils sont traduits en François sous le titre de *Ruses de Guerre*. Sextus Julius Frontin, célebre capitaine Romain, sous Vespasien, Nerva & Trajan, nous a laissé quatre livres des *Stratagêmes Militaires*, écrits sous le regne de Domitien. On ne sçauroit trop recommander aux officiers la lecture de ces deux auteurs: ils apprendront bien des manieres de surprendre les ennemis, & à se garantir d'en être surpris. Il vient d'être imprimé un *Traité de la petite Guerre*, par M. de Grand-Maison, lieutenant-colonel: le nom de l'auteur fait l'éloge de l'ouvrage; la lecture

ou Traité de la Guerre. 117

sont permis, parce qu'ils tiennent quelque chose de la force ouverte, d'autant qu'on s'en peut défendre, & que par conséquent ils ne sont pas contraires à l'exacte générosité.

La seconde sorte d'artifices, est de ceux qui ne sont en aucun usage, contre lesquels par conséquent on ne peut prendre de précaution. Il n'est pas permis de s'en servir, ne tenant rien de la force ouverte, & de la gloire des armes, & y étant même directement opposés. Ces sortes de mauvais artifices sont le manquement de foi & de parole, la trahison; quand on a des intelligences avec ceux du parti contraire pour ouvrir les portes d'une ville; qu'on fait assassiner un capitaine, ou quelque personnage de considération; quand on empoisonne les vivres, les fontaines & les puits; quand on fait passer parmi les enne-

---

est aussi amusante qu'instructive. On a aussi donné l'année dernière des *Stratagèmes de Guerre*, par M. de la Roziere, ingénieur aux Isles de France.

mis quelques pestiférés, pour y porter la maladie, & autres choses semblables. On doit se souvenir ici que la guerre a de certains droits, desquels il n'est pas permis de se départir; & qu'en quelque état que la fortune mette les affaires, il faut inviolablement suivre les préceptes de la bonne foi, & de la prudente sincérité. Surtout, la trahison me paroît horrible, & jamais un grand capitaine n'est excusable de toutes ces voies honteuses, qui ne réussissent que très-rarement, & dont les effets retournent souvent contre ceux qui en sont les auteurs. Qui peut s'empêcher de trouver à redire à la conduite de Philippe de Macédoine, qui tâchoit toujours de corrompre, par argent, la fidélité des gouverneurs des places qu'il avoit envie de posséder? Et d'un autre côté, qui pourroit louer suffisamment la glorieuse conduite des Romains, quand ils donnerent avis à Pyrrhus, leur ennemi, de l'offre que

ou Traité de la Guerre.

son médecin leur faisoit de l'empoisonner? Et qui n'admirera point leur justice, quand pour punir la trahison que leurs soldats avoient faite contre ceux de Rhége, ils en firent décapiter trois cens dans la place publique de Rome (1)?

Quelques-uns mettent entre les artifices illicites, les mines que l'on fait sous les murailles des villes assiégées, & on ne pardonne point aux mineurs quand ils sont surpris (2), encore qu'ils

---

(1) Les Rhégiens, dans la crainte qu'ils eurent de Pyrrhus, eurent recours à 4000 Romains qui, sous les ordres de Decius Campanus, gardérent leur ville quelque temps avec fidélité; mais séduits ensuite par l'appas des richesses, ils en égorgerent les habitans qu'ils n'avoient pu chasser, & s'emparerent de la ville. Le Sénat, pour punir cette horrible trahison, & rétablir la bonne opinion qu'on avoit du peuple Romain, fit faire le siege: cette ville ayant été prise, plusieurs furent punis au fil de l'épée; 300 qui échaperent à la premiere ardeur du carnage, furent menés à Rome, où, conduits sur la place, ils furent battus de verges & mis à mort. *Pol. l. 1.*

(2) Les mines ne sont point contre le droit des gens, l'usage général les permet, c'est à ceux qui les éprouvent de les éventer: ne ferquei tra en fut mort en avoua un exemple en 1747 dans la ville de Cumes: Naples ayant fait miner la ville, la situation sur le roc, sembloit rendre imprenable, & fatiguant les assiégeans

demandent quartier. Les espions passent aussi pour des traîtres, & sont irrémissiblement condamnés à la mort, sans que ceux qui les ont envoyés usent de représailles sur quelques prisonniers.

XI. *Des rencontres.*

Il se fait souvent des rencontres imprévues à la campagne, soit des petits partis, soit de toute une armée. Je ne parle ici que des rencontres qui se font de quelques troupes de cavalerie ou d'infanterie: car de rencontres de toute une armée, outre qu'elles se font très-rarement, c'est que je les comprendrai ci-après sous l'article des batailles.

Or celui qui commande un parti, doit se tenir toujours tellement sur ses gardes, qu'il soit en état d'attaquer, en cas qu'il rencontre les ennemis, & de les battre, s'il en est attaqué. Il faut

puis ayant fait mettre le feu aux tronçons, les tours & les murailles s'écroulèrent. *Agathias l.* 1.

même

même qu'il insinue par un bruit sourd dans l'esprit de ses soldats, qu'il marche à dessein de les rencontrer : que si la rencontre se fait, il faut qu'il dise avec des marques de joie, qu'il étoit certain de la faire ; car jamais il ne faut paroître surpris. Cependant ce commandant étant en campagne, doit envoyer des gens à droite & à gauche aux nouvelles, qui lui seront rapportées en secret, afin de prendre son parti. Si les ennemis paroissent, il faut que d'abord il aille vivement à la charge, & fasse croire aux siens que leur nombre est plus fort que n'est celui des troupes qu'ils vont combattre. Cette résolution fait deux effets; le premier, que les ennemis en prennent de l'épouvante, en s'imaginant que ceux qui les attaquent, s'estiment les plus forts, ou en nombre d'hommes, ou en valeur : le second, c'est que ceux qui attaquent prennent de la confiance, & qu'ils se persuadent que leur commandant ne les conduiroit pas au combat, s'il n'y croyoit trouver un avantage certain. Que si le commandant juge à propos de laisser aux ennemis à commencer l'attaque, il faut qu'il trouve alors quelque prétexte spécieux, afin de faire croire à ses soldats qu'il a de grandes & solides raisons pour attendre & demeurer ferme dans son poste; il tirera ces prétextes des conjonctures qui seront présentes.

XII. *Des terreurs paniques, des fuites, des ralliemens, &c.*

Il y a trois sortes de mouvemens principaux à la guerre, qui emportent nécessairement avec eux la bonne ou la mauvaise fortune d'une armée.

Le premier est de certaines frayeurs qui se répandent généralement dans toutes les troupes, sans qu'on en sçache la cause, & même sans qu'il y en ait aucune qui soit apparente; & elles sont plus grandes & plus préjudiciables, plus on manque de connoître ce qui les a pu produire. Ces vaines terreurs font appellées terreurs paniques, ou parce qu'elles font univerfelles, ou parce que Pan, quand Bacchus fit la conquête des Indes, fçut les faire naître entre une multitude incroyable d'Indiens; ce qui lui fut un moyen de les affujettir aux volontés de Bacchus, que j'ai ci-devant nommé Ofiris. Quand cette forte de mouvement agite une armée, il ne faut pas fonger à l'arrêter : c'eft un tourbillon, dont il faut que la fureur ait fon cours, & qui laiffe le plus fouvent de fâcheufes marques de fa violence. Mais après que la premiere impétuofité en eft paffée, il faut chercher les expédiens de faire revenir le foldat à la raifon; lui montrer doucement fon erreur, & qu'il s'étoit laiffé furprendre par des fantômes vains, & par de trompeufes chimeres. Il faut furtout prendre garde que les ennemis ne viennent à connoître cette agitation.

Le second de ces mouvemens est la fuite, qui souvent procede du premier. Il ne faut pas d'abord s'y opposer, car on le feroit inutilement: mais comme quand quelquefois à la chasse, qui est une image de la guerre, toute une meute s'emporte au-delà des voies de la bête qu'on poursuit, le veneur laisse passer cette fougue, & ensuite rappelle ses chiens, & les fait reprendre sur les bonnes voies, il faut que le sage capitaine tâche à loisir de rappeller ses troupes à leur rang, & de les rassembler autour de leurs enseignes.

Le troisieme mouvement est le ralliement, qui d'ordinaire apporte un avantage singulier aux armées; car alors les victorieux poursuivant les fuyards, se trouvent en désordre; soit qu'ils se soient attachés au pillage, soit qu'ils aient voulu faire des prisonniers; en telle maniere que des troupes ralliées venant les charger en ordre de bataille, ils sont facilement battus, & de vainqueurs restent vaincus. Les corps de réserve sont extrêmement utiles pour ces grands effets-là. Il y a un moyen pour les ralliemens; comme par exemple, avant le combat on pourroit faire avertir secrettement tous les capitaines, de se trouver avec leurs troupes en des lieux qu'on leur désigneroit, au cas qu'ils fussent obligés de céder à la force des ennemis; les capitaines en donneroient avis aux bas officiers de leurs compagnies, & ceux-ci aux soldats, quand il seroit nécessaire. Ainsi au plus tard, le lendemain d'une bataille perdue, toute l'armée se pourroit retrouver ensemble, & reprendre la revanche. Plus les nations sont vaillantes, & plus il est difficile de les rallier pour le combat.

XIII. Ce qu'il faut faire pour suivre un ennemi qui fuit, & qui est en désordre.

Quand un général d'armée voit que ses ennemis s'ébranlent, & tombent dans le désordre, c'est alors qu'il doit redoubler ses efforts; & quand ce désordre va jusques à leur faire prendre ouvertement la fuite, il doit plus songer à les dissiper qu'à les poursuivre; car s'il peut empêcher pendant deux ou trois jours que les troupes ne se rassemblent, l'armée n'est pas seulement battue, elle est entiérement ruinée, parce que chacun se rebute, & tâche de trouver le repos en se retirant chez soi (1).

Il faut néanmoins poursuivre les ennemis battus & fuyans. Mais afin d'éviter l'embarras qu'apporte la garde des prisonniers, & aussi afin d'augmen-

___
(1) Il arrive encore dans ce cas que les troupes étrangeres de l'armée des vaincus, prennent parti dans l'armée des vainqueurs.

ter la frayeur des vaincus, il ne faut donner d'abord quartier à personne, si ce n'est à quelques gens de marque, dont la prise sert plus que ne feroit leur mort, à la réputation des victorieux : on doit surtout se souvenir de cette maxime dans les grandes batailles.

XIV. Des batailles.

C'est en ces occasions-là que la vertu & la fortune concourent nécessairement pour un même dessein, & où toutefois elles disputent ensemble à qui aura le plus de part à la gloire de l'événement : aussi, toutes opposées qu'elles sont, se doivent-elles réunir en ces rencontres importantes, & employer ce qu'elles ont de forces pour se procurer réciproquement de l'avantage. Il est constant que la fortune couronne la vertu : mais aussi on peut dire que la vertu couronne la fortune ; car on voit rarement que l'une soit victorieuse sans le secours de l'autre.

Les batailles font la décision de la guerre, & les siècles passés ne nous ont point laissé d'exemples qui nous fassent voir qu'une conquête se soit autrement achevée. Les sieges consument trop de temps, & font périr trop de monde (1); & quand une ville est bien défendue, les conjonctures peuvent changer pendant le siege, & ses alliés ont le loisir de penser à la secourir. Mais sitôt que le destin, dans un combat général, s'est déclaré pour un des partis, tout cede aux armes qu'il a favorisées; personne n'ayant honte de s'assujettir aux ordres d'un heureux vainqueur.

Les batailles se font, ou par hazard, quand deux armées se trouvent inopinément en présence l'une de l'autre,

---

(1) C'étoit le sentiment de M. de Turenne, qui disoit au prince de Condé : *Faites peu de sieges, donnez beaucoup de combats ; quand vous serez maître de la campagne, les villages vous vendront des places : mais on met son honneur à prendre une ville bien plus qu'aux moyens de conquérir une province.* Il sembloit par-là prouver la nécessité d'avoir une bonne cavalerie.

ou quand il y a jour pris & assigné pour le combat. Je parle de celles-ci principalement; mais de quelque maniere que la chose arrive, le capitaine doit réserver pour ses grands coups, sa raison toute entiere, & toute la grandeur de son courage, étant le point capital où ses projets précédens doivent aboutir, & d'où il doit tirer les entreprises qui seront à former ensuite.

Il faut donc que le conquérant, en entrant dans le pays de ses ennemis, se persuade que son affaire principale est de les vaincre par bataille générale; car à l'exemple de Cyrus, d'Alexandre & d'Annibal, il doit toujours chercher le combat; & pour y parvenir avantageusement, il faut qu'il pense à affoiblir ses ennemis, soit en s'opposant à ce que leurs alliés les joignent, soit en empêchant qu'ils ne rassemblent toutes leurs troupes. Il faut aussi que par de petites rencontres il accoutume ses gens à les battre, parce que ces légeres victoires donnent de la hardiesse aux uns, & de la timidité aux autres. Il cherchera les moyens de faire naître l'envie à tous les soldats de voir cette journée, & qu'ils lui en fassent paroître de l'impatience; & quand enfin l'occasion en est venue, il doit, après avoir pris sa résolution au conseil, montrer sa joie à son armée, & se faisant voir à chaque quartier, faire comprendre aux officiers & aux soldats, qu'ils vont recueillir par une seule victoire tout le fruit de leurs fatigues passées; que tout d'un coup les espérances qu'ils avoient conçues pour les richesses, & pour le repos, seront entiérement remplies; qu'ils ont leur fortune entre les mains, & qu'en un mot ils vont s'assurer d'une gloire immortelle, pourvu qu'ils veuillent fortement l'acquérir. Il leur fera aussi connoître qu'il prétend avoir part à leur gloire seulement, & qu'il leur abandonne les biens & la dépouille de leurs ennemis: qu'au reste ils ont à combattre pour une cause juste, & que ceux qui se présentent dans le dessein de leur résister, étant les mêmes qu'ils ont autrefois vaincus, ils doivent les empêcher de leur arracher l'honneur qu'ils ont déja remporté.

Si dans les rencontres qui ont précédé cette bataille, les ennemis ont eu de l'avantage, le général se doit servir d'une raison contraire, & dire à ses soldats que le temps qu'ils ont tant souhaité est heureusement venu; qu'ils vont réparer leurs pertes, & donner des preuves que s'ils ont été vaincus, la fortune faisoit voir qu'ils avoient à combattre de vaillans ennemis; & qu'ainsi leur victoire en sera plus illustre & plus éclatante. Il ne faut pas surtout oublier de persuader aux troupes que la mémoire de ceux qui, dans cette occasion, mourront pour la cause commune, sera chere à jamais à leur patrie; qu'on aura soin de leurs sépultures & de leurs familles; qu'on les honorera d'éloges, à la façon que les Athéniens honoroient de discours funebres ceux qui mouroient à la guerre (1), & que les blessés ne manqueront ni de récompenses, ni de bon traitement. C'est à peu près ainsi qu'en ces occasions un général doit parler à son armée.

Les Anciens, que nous devons reconnoître pour les modeles certains de notre conduite, haranguoient leurs soldats avant que de les faire combattre. Cette méthode est excellente; ils en ont reçu une extrême utilité en diverses rencontres. César se plaint en quelque endroit, qu'il avoit été si pressé de combattre, qu'il n'eut pas le temps de haranguer son armée. Je ne puis dire pourquoi nous avons perdu

(1) Les Athéniens furent si religieux observateurs des devoirs envers ceux qui avoient été tués à la guerre, qu'ils condamnerent à mort huit généraux, pour n'avoir pas, après la bataille d'Arginuse, enterré leurs morts. Il y en eut six exécutés.

cet usage, (je ne veux pas en accuser l'incapacité des chefs qui, ne sçachant pas l'art de bien parler, se sont contentés de celui de bien faire;) si ce n'est qu'on se soit apperçu que la coutume de faire des harangues, & d'assembler la multitude pour écouter un orateur, étoit dangereuse, & produisoit souvent des troubles & des séditions; car il y a eu dans tous les temps des séducteurs de peuple, lesquels s'appelloient *Damogogues* dans Athenes, & qui ont fait tant souffrir de changemens dans l'état de cette sçavante république. Ces harangues militaires sont toutefois d'un merveilleux effet; car les soldats se laissent infailliblement toucher par les discours de leur général; & plus ce général a d'élévation de sa naissance, de sa réputation, de sa fortune & de la dignité, plus son éloquence est puissante, & plus elle lui réussit (1).

(1) Les harangues sont aussi anciennes que les ba-

Ce n'est pas assez que le capitaine excite l'ardeur de ses soldats par ses discours & par sa joie, il doit encore l'exciter par la richesse de ses habits, & que son ornement extérieur arrête sur lui les yeux de ses troupes, & leur donne une maniere d'admiration ; que lui-même se propose dans cet ajustement extraordinaire & magnifique (1), qu'il doit passer dans ce même jour du tumulte de la bataille, à la solem-

milles ; Thucydides & Tite-Live nous en ont laissé qui paroissent être plutôt leur ouvrage que ceux des généraux qu'ils font parler. On dit que c'est depuis Henri IV que nous avons perdu l'usage de haranguer nos troupes ; mais on ne fait point réflexion que nos armées étant bien plus nombreuses aujourd'hui qu'elles ne l'étoient dans ce temps-là, à peine seroit-on entendu de la dixieme partie. Je ne me souviens pas de m'être trouvé dans une seule action, que je n'aie entendu les officiers supérieurs proférer quelques paroles qui valoient bien ces anciens discours ; & il n'est pas d'officiers subalternes qui ne cherchent, par quelques propos saillans, à encourager leurs soldats. Les meilleures harangues sont celles qui inspirent la confiance, en marquant du mépris pour ceux qu'on va combattre. Au reste il faut connoître l'esprit de ceux à qui l'on parle, & le faire suivant les lieux, le temps & les circonstances ; il ne faut pas surtout que la harangue paroisse méditée.

(1) Il seroit d'une si dangereuse conséquence de perdre un général, qu'il ne doit rien porter qui puisse le faire reconnoître de l'ennemi.

nité du triomphe. Il est bon que ce général, à son levé, dise à ses amis particuliers (afin qu'ils en répandent le bruit parmi ses troupes) qu'il a fait quelque songe, d'où l'on puisse tirer un bon augure pour la victoire, & que jamais son sommeil n'avoit été si doux & si tranquille. Ces sortes d'artifices innocens font une vive impression dans l'esprit de la multitude, qui est toujours superstitieuse, qui donne une aveugle créance à tout ce qu'elle ne connoît guere; & enfin une armée prévenue de l'espérance d'un heureux succès, marche avec alégresse contre ses ennemis. Il faut que chaque officier, selon sa dignité, imite le général en ses paroles, en sa joie, & en ses habits.

Un général tâchera d'être le plus diligent à mettre son armée en bataille, afin que les ennemis, dès le point du jour, le voient en état & en résolution de les attaquer. Cette diligence fera que les soldats s'étonneront moins, & en auront plus de hardieſſe.

On a de tout temps mis les armées en bataille, & on dit que Pan, dans la guerre des Indes, fut l'inventeur de l'ordre; qu'il fit les aîles des armées, que les Anciens appelloient *cornes*, & que pour cette raiſon on le repréſentoit avec des cornes. Ce qui ſe peut remarquer en paſſant.

Je ne dis point s'il faut étendre les aîles d'une armée, ou s'il les faut reſſerrer; s'il faut combattre ſur une ou ſur pluſieurs lignes, ni par où il eſt à propos de commencer la charge. Les Romains commençoient toujours le combat par l'aîle droite. Je ne dis point auſſi s'il eſt meilleur de faire les bataillons & les eſcadrons gros, que de les faire petits, ni où il faut placer l'artillerie; quels corps de réſerve on doit avoir, ni enfin comment il ſera expédient de pourvoir à la ſûreté des bagages: toutes ces choſes-là dépendent de la force d'une armée, de celle des ennemis, de la résolution des troupes, du champ de bataille, & du temps même. Je ne parlerai pas non plus des évolutions qu'il faudra faire pendant le combat : c'est une leçon de tactique, qu'il seroit ici difficile de donner sûrement. Les officiers qui sçavent leur métier, doivent se résoudre, à mesure que les occasions naissent.

Je dirai seulement en général, qu'il faut considérer premiérement le temps qui précede le combat, à conter depuis que les armées sont en présence prêtes à donner ; secondement, le temps que l'on commence à marcher ; en troisieme lieu, le cours de la bataille ; & en quatrieme lieu, la fin & l'issue dont elle sera suivie.

Avant donc que l'on aille à la charge, il faut entendre la Messe, & ouvrir une journée si importante, par adorer Dieu, qui compte nos jours, & qui est le maître de tous les événemens. Ensuite les officiers, dans chaque compagnie, doivent faire une revue sur leurs gens, examiner si les armes sont en bon ordre, si chacun a de la poudre & du plomb; les exciter à bien faire, commander que l'on mange, si on ne l'a fait, faire faire la priere, & attendre le signal.

Cependant le général doit tenir un petit conseil de guerre à la tête de l'armée, pour délibérer s'il n'y a rien à changer aux premieres résolutions que l'on auroit prises, & faire publier un ban, que quiconque seroit trouvé pillant, ou sans ses armes, seroit puni. Je parlerai ailleurs des punitions.

Il y a une observation à faire, qui est, que souvent les troupes étant en bataille, il se détache du fonds des rangs ennemis quelques braves, qui demandent à faire un coup de pistolet : jamais le général ne doit permettre à personne des siens de s'exposer pour cela. Nous ne sommes plus au temps des Horaces (1) : ces sortes de combats ne servent de rien, & on y peut perdre d'excellens hommes, qu'il faut réserver pour de meilleures occasions ; parce que leur valeur & leur exemple peuvent maintenir tout un corps dans le devoir, s'il s'ébranloit pour s'en échapper.

Il arrive quelquefois que dans les champs de batailles, il se trouve un bois, un fossé, un ruisseau, une masure, un rideau, ou quelque autre chose de semblable, dont les généraux esperent recevoir de l'avantage ; & pour s'en rendre les maîtres, on passe le jour presque entier à prendre & reprendre ces sortes de postes. Il n'y a point d'avis précis à donner sur les difficultés de cette nature : il faut agir suivant que les choses se présentent, & à proportion de l'utilité qu'on

(1). On sçait que les trois freres Horaces combattirent pour les Romains contre les trois Curiaces, pour les Albins, & qu'il ne resta qu'un des Horaces, qui procura par sa victoire la ville d'Albe aux Romains, an de Rome &c.

peut recevoir des lieux pour lesquels on conteste.

Quand il est temps de marcher au combat, le général en fait donner le signal. Alors chacun sçait son rang & son ordre. Il y a des nations qui poussent de longs cris en approchant leurs ennemis, soit pour les effrayer, soit pour s'animer les uns les autres, comme font les lions par leurs rugissemens. Les troupes de Bacchus effrayerent, dit-on, ainsi les Indiens qui, ayant pris l'épouvante, se soumirent à lui, sans faire de résistance. D'autres gardent un profond silence en marchant au combat : quelques-uns y vont à pas lents & mesurés ; quelques-uns y courent, & s'y précipitent. Toutes ces manieres différentes ont leurs raisons, & sont fondées sur les divers tempéramens des peuples.

On envoie ordinairement des hommes détachés pour commencer le combat. Les Romains employoient en ce usage leurs vélites, gens légérement armés; & ces hommes détachés, qu'autrefois parmi nous on appelloit enfans perdus, se nommoient *rorarii milites*, chez les Anciens, parce que leurs coups tomboient comme fait la rosée avant la pluie. Il y a longtemps qu'on a dit une pluie de fer : *hastati spargunt hastas, fit ferreus imber*. On faisoit boire du vin à ces soldats pour leur donner courage; & ce vin étoit dit de leur nom, *vinum rorarium* (1).

Pour moi, j'aimerois mieux que l'on marchât lentement au combat, que trop vîte, parce que l'on est toujours en haleine; encore que d'un autre côté le soldat ait plus de temps de faire réflexion sur le péril qu'il va courir, & d'en concevoir de la terreur. Sitôt qu'on est à vingt pas des ennemis, il faut penser à faire les décharges (2).

(1) Des grenadiers François à qui un officier offroit du vin avant l'attaque d'un chemin couvert, s'en trouverent offensés; ils demanderent pour qui on les prenoit.
(2) Il y a un milieu entre le petit pas & le pas redoublé : c'est le pas ordinaire.

C'est de ce moment que le combat a son cours. Le général d'armée avec une troupe d'élite, à l'imitation de Scipion, se doit tenir alors en lieu d'où il puisse être facilement partout, pour secourir ceux qui auront besoin de son assistance. Les consuls avoient leur place entre les princes & les triaires, c'est-à-dire, entre la seconde & la troisieme ligne auprès des aigles Romaines. C'étoit-là, pour ainsi parler, le sanctuaire de l'armée : mais notre général doit se ménager, & surtout dans les commencemens de la bataille; parce que sa prise ou une bles-

Il y a tant de cas à la guerre suivant lesquels on doit varier les différentes manieres de marcher, qu'on ne peut dicter sur cela rien de certain. La fougue de la nation ne veut pas être trop ralentie; elle ne veut pas non plus être abandonnée à elle-même. Les nations dont le flegme est trop grand, doivent être excitées par de plus grands mouvemens. En partant de ce principe, je crois qu'il est bien plus nécessaire d'apprendre aux François à tirer juste, qu'à tirer vîte. Quant aux décharges, dont parle l'auteur, il semble que le sentiment général est qu'il n'en faut faire que dans le cas où il seroit impossible de joindre l'ennemi la bayonnette au bout du fusil : cet arme est la reine des armes du François, comme dit Montecuculli parlant de la lance pour la cavalerie.

fure, qui le mettroit hors de combat, ôteroit le cœur aux siens, & pourroit leur faire perdre leur avantage ; outre que c'est sur la fin qu'il est le plus nécessaire : à propos de quoi je dirai qu'il faut qu'il ait des gens secrétement choisis, qui s'attachent au général ennemi, qui le cherchent dans les rangs, & qui fassent effort pour le joindre, le faire prisonnier, ou le mettre hors d'état d'agir. Que si dans la mêlée un général rencontre son ennemi, il faut qu'il le combatte corps à corps, s'il le peut approcher, pourvu toutefois qu'il soit d'une force & d'un âge à se promettre sûrement de l'avantage de ce combat singulier, dont le succès est presque toujours décisif pour le gain ou la perte d'une bataille.

Il faut mettre les corps & les lignes en telle distance, s'il se peut, les uns des autres, que tous aient suffisamment de l'espace pour se mouvoir, pour soutenir ceux qui combattront les premiers, & pour empêcher, si ces premiers combattans sont renversés, que leur désordre ne rompe la disposition de toute l'armée. Si des bataillons, des escadrons, & même une aîle entiere s'étonne, ploie, & enfin prend la fuite, le reste doit tenir plus ferme; & quelques gens se doivent trouver prêts pour arrêter les victorieux.

Les corps de réserve, que je desire être composés de soldats d'élite, & commandés par des officiers d'une valeur éprouvée, & de grande expérience, donnent le plus souvent le dernier échec à une armée en désordre, & d'un autre côté rétablissent souvent l'espérance des leurs, qui auroient été battus & poussés. Les Grecs avoient leurs gyraspides, & les Romains leurs triaires; & les uns & les autres avoient encore leurs vieux soldats qui, ayant fait leur temps de service qu'ils devoient rendre dans la guerre, reprenoient volontairement les armes. Tous ceux

ceux-là faifoient ordinairement parmi les Anciens, ce que les corps de réferve font dans nos armées, c'eft-à-dire, qu'ils en étoient leur derniere force & leur derniere reffource.

Il faut pendant le combat avoir le plus grand foin qu'on pourra des bleffés, afin de les retirer de la preffe, & panfer leurs plaies. Souvent il meurt des gens de grand mérite, faute d'être foignés affez à temps.

L'artillerie doit être diligemment fervie pendant tout le cours du combat; & il ne faut perdre aucune occafion qu'on aura de s'en aider. Ceux qui feront commis pour la garde du canon, doivent, s'ils en ont le temps, faire quelque retranchement, pour mieux foutenir les attaques des ennemis.

Si une aîle eft défaite, & que l'autre ait avantage, il faut que l'aîle heureufe acheve fa victoire, & que cependant on tâche de réparer le défordre de celle qui a eu du pire, soit par le moyen des corps de réserve, soit en prenant quelques troupes de l'aîle qui auroit eu le dessus : & c'est en ces occurences où le moindre mouvement peut tout d'un coup changer la face des affaires, & tourner les inclinations de la fortune (1).

Il est à propos de joindre la ruse à la force; comme par exemple, dans le plus fort du combat, on peut exposer quelques charrettes vuides, & quelques coffres de charge remplis de pierres, ou de nippes qui ne seroient d'aucune considération. Les ennemis pourroient être tentés de se jetter dessus pour les piller. On pourroit même hazarder quelque argent, quelque vaisselle & quelques fausses pierreries, afin de les attacher davantage à ce pillage, & les y amuser. Ce qui contri-

___

(1) La bataille de Rocroi, la plus célèbre dans notre histoire, est une preuve de la solidité de cette réflexion. On en trouve la relation bien circonstanciée dans le chap. 30 de l'Essai sur la cavalerie.

bua davantage au gain de la bataille d'Arbelles en faveur d'Alexandre, ce fut que les Grecs de l'armée de Darius, se mirent à piller le camp des Macédoniens, & qu'ils furent suivis par les plus braves des Perses. On peut employer d'autres ruses de pareille qualité.

Si après plusieurs doutes, & des révolutions différentes, un général juge enfin que la victoire se déclare pour lui, c'est alors qu'il doit le plus appréhender de perdre ses espérances ; car on imputeroit son malheur à son imprudence, & à son mauvais jugement. Ainsi il doit redoubler ses efforts & son exactitude, être partout, défendre & empêcher le pillage, achever de rompre ce qui reste d'ennemis en présence, les dissiper, leur ôter tout moyen de se rejoindre, & en un mot, les contraindre à prendre la fuite, & les forcer à lui abandonner le champ de bataille. Surquoi il doit envoyer des corps de cavalerie après les fuyards, pour les pousser le plus loin qu'il se pourra.

XV. *Ce qu'il faut faire après qu'on a gagné une bataille.*

Le gain d'une bataille étant plein & entier, il est du devoir d'un sage capitaine d'en retirer tout le profit, & toute l'utilité qu'il pourra; & ainsi de joindre l'honneur d'avoir bien usé de son avantage, à la gloire de l'avoir remporté.

La premiére chose que doit faire le victorieux, c'est de rendre graces à Dieu des faveurs qu'il en a reçues; & que le lieu qui a été le champ de bataille, & le théâtre de sa victoire, soit le temple & l'autel où le vainqueur fasse ses premieres prieres, rende les premieres louanges à l'Auteur de son triomphe, & que cette pieuse reconnoissance éleve le premier & le plus beau de ses trophées. Secondement, qu'il se souvienne, qu'après avoir surmonté ses ennemis, il a une autre guerre à soutenir, dont l'heureux succès lui sera d'une acquisition très-difficile ; & cela d'autant plus, que le nouvel ennemi qu'il aura à combattre, lui est cher & agréable, & qu'il ne se peut défendre de considérer avec trop de complaisance. Ce nouvel ennemi c'est lui-même, qui superbe de sa bonne fortune, & armé d'une épée victorieuse, se déclare une guerre intérieure : car enfin qui peut résister à son propre bonheur, & à des armes qui, par des exploits fameux, viennent d'être honorées de lauriers & d'applaudissemens ? Il doit encore songer qu'il a un dernier adversaire, le plus redoutable de tous ; c'est l'oisiveté suivie des plaisirs : elle a enfin triomphé d'Annibal & d'Alexandre triomphans, qu'elle n'avoit osé assaillir pendant le cours de leurs travaux. Il doit en troisieme lieu conserver une généreuse humanité

Politique militaire,

pour les vaincus, les plaindre, les confoler dans leurs difgraces, & par fes bons traitemens, adoucir ce que la fortune auroit eu de rude pour eux. Que l'action du grand Alexandre eft admirable fur ce fujet ! que l'hiftoire reçoit d'embelliffement des larmes qu'il répandit pour Darius ! (1) & que fa modération & fa benignité apportent à fa vie un ornement précieux. On lit au contraire avec compaffion, avec douleur & même avec colere, que Créfus a été traîné au fupplice (2) & que tant d'autres illuftres malheureux ont été jettés vifs dans les buchers

―――――――――

(1) Ce fut lorfque Darius fut affaffiné par Beffus.
(2) Créfus Roi de Lydie, ayant été condamné à mort par Cyrus, fe rappella comme il étoit fur le bucher, l'entretien qu'il avoit eu autrefois avec Solon, où ce philofophe lui dit qu'on ne devoit donner à perfonne le nom d'heureux avant fa mort, & touché de la vérité de fes avis, il s'écria par trois fois, Solon, Solon, Solon. Cyrus qui étoit préfent à ce fpectacle, ayant appris pourquoi il prononçoit avec tant de vivacité le nom de ce philofophe, frappé de l'incertitude des chofes humaines, & du malheur de ce prince, le fit retirer du bucher, & l'honora toûjours pendant qu'il vécut. Créfus fut enfuite attaché à Cambyfe, fous lequel il mourut de fa mort naturelle.

ardens. Il est de la grandeur d'un Prince victorieux d'envoyer des gens jusques dans les lieux d'asyle & de retraite, où sa valeur a réduit ses ennemis, pour leur demander la paix, plutôt que pour la leur présenter; & afin de combler la réputation de sa magnanimité, il doit se rendre plus facile pour la condition des traités, à proportion qu'il aura obtenu de plus grands avantages. Notre incomparable Roi, dans un âge où à peine la vertu des grands hommes ordinaires peut-elle encore se manifester; en a fait voir un exemple qui sera incroyable à la postérité; quand dans le dernier traité de paix, s'arrêtant au milieu de sa course, il a donné à l'Espagne ce que ses armes avoient légitimement conquis, & lui a laissé la possession de ce qu'il étoit prêt & en pouvoir de conquérir (1).

Le victorieux, incontinent après la

(1) Louis XIV. avoit 21 ans, lors de la paix des Pyrénées en 1659.

G iv

défaite de son ennemi, en publiera partout la nouvelle, fera même son avantage plus grand qu'il n'a été. Il examinera l'état de son armée, & sçaura tout de même en quelle disposition seront les affaires des vaincus ; car s'il n'est bien instruit de toutes ces choses, il ne pourra faire aucun projet, ni rien exécuter. Etant donc en cette conjoncture, il doit se présenter devant quelque grande place, qui effrayée de ses armes, pourra lui ouvrir les portes. Il faut surtout qu'il tâche de se saisir des deniers publics ; j'entends de ceux qui appartiendront au Prince ; car quant à ce qui est des sommes qui appartiendront aux particuliers, ce lui doit être (pour ainsi parler) une chose sacrée, à quoi il ne porte jamais la main, & dont au contraire il sera le protecteur & le conservateur. C'est ainsi qu'il acquerra l'amour des peuples, & qu'il les accoutumera doucement à une nouvelle domination.

S'il apprend que les ennemis remettent quelque autre armée sur pied, il ne faut point qu'il perde de temps, mais qu'il marche inceſſamment, qu'il les joigne, & qu'il les combatte, ſans leur donner loiſir de ſe reconnoître, & de réparer leurs pertes.

XVI. *Des bleſſés, des morts & des priſonniers.*

Outre tout ce que je viens de dire, le général d'une armée victorieuſe doit, auſſitôt qu'il ſera le maître du champ de bataille, faire défenſe à qui que ce ſoit, ſur peine de la vie, de dépouiller aucun des corps qui ſeront demeurés ſur le champ, avant qu'on les ait viſités; car il arrive très-ſouvent que le ſoldat, pour avoir un bon habit, acheve de tuer un homme d'importance, qui quelquefois n'étoit pas bleſſé mortellement. Ce ban étant fait, il fera viſiter tous ces corps: les morts ſeront mis à part, les ennemis d'un côté, & les amis de l'autre. Si l'on y reconnoît quelques personnes de marque, on les séparera de la foule pour les rendre à leurs amis, ou à leurs domestiques. Cela étant exécuté, les aumôniers de l'armée feront à l'instant, & sur le lieu même, une priere publique pour le repos de leurs ames. Le lendemain dans le même champ, ils diront des Messes, & feront le service avec une pompe & une solemnité militaire; à l'issue duquel on jettera tous ces corps dans des fosses qu'on aura préparées à cet effet, & qu'on aura fait les plus profondes qu'il aura été possible. Cependant on aura envoyé aux ennemis, leur donner avis de ce qu'on aura résolu de faire à l'égard de ces morts; & ils seront conviés en même temps de venir sur le champ de bataille, pour retirer les corps qu'il leur plaira faire remporter. On ne sçauroit croire de quel effet sont ces actes de piété & de commisération,

& à quel point un capitaine s'acquiert par-là l'estime & l'affection de tout le monde. Nous montrons que nous avons véritablement de l'humanité, quand, dépouillés de colere & de ressentiment, nous pardonnons à ceux que nous voyons humiliés; & quand leur soumission ou leur foiblesse nous fait tomber les armes de la main, nous changeons les mouvemens de haine & de vengeance en mouvemens de tendresse & de compassion; nous pleurons leur mort, nous rendons aux cadavres qui nous en restent, ce que nous croyons être le plus honorable à leur mémoire; & en même temps nous faisons, pour le soulagement de leurs ames, ce que la religion nous apprend être de plus saint & de plus salutaire.

Enfin les devoirs funebres qu'on rend aux morts, ont été de tout temps d'une considération si grande, que les Athéniens condamnerent à la mort,

& firent mourir leurs capitaines Trasybule & ses compagnons, victorieux des Lacédemoniens ; parce qu'ils avoient manqué de faire enterrer les corps de ceux qui étoient morts dans la bataille (1).

Les blessés seront pareillement mis à part, & les ennemis & les amis seront traités également.

Il faut encore que le général s'informe du nombre, & de la qualité des prisonniers ; qu'il sçache leurs nécessités, & qu'il y pourvoie, donnant ordre que ceux qui les ont pris, exercent pour eux le droit d'hospitalité, pour ainsi dire, & qu'ils ne leur fassent aucun mauvais traitement. Il se fera informer s'il y a quelques-uns des siens chez les ennemis, pour proposer des échanges, soldat pour soldat, & officier pour officier. Il faut qu'il voie ensuite quels sont ceux qui seront demeurés prisonniers après l'échange fait.

(1) Voyez la note de la page 132.

Il est bon de renvoyer les gens de qualité sur leur parole, pour donner ordre à leur rançon ; pendant lequel temps il ne pourront porter les armes, & lequel étant expiré, ils seront incessamment obligés de se rendre dans leurs prisons, ou d'envoyer l'argent dont ils seront convenus. Quant aux pauvres soldats prisonniers, on peut, en les faisant travailler, leur donner moyen de subsister, & accorder la liberté à tous ceux qui voudront jurer de ne point rentrer de six mois, d'un an, ou de quelqu'autre terme dans le service des ennemis, & même les enrôler s'ils veulent prendre parti. On peut quelquefois, par un coup de générosité les renvoyer tous, sans aucune condition. Ces sortes de procédés sont glorieux, & acquiérent beaucoup d'honneur & de réputation à ceux qui les pratiquent.

XVII. *Ce qu'il faut faire quand on a perdu une bataille.*

Mais comme les armes sont journalieres, il peut arriver qu'un général qui entre dans un pays pour le conquérir, y trouve des gens braves & aguerris, en telle sorte qu'il est battu, & son armée défaite. C'est à quoi, ainsi que je l'ai ci-devant dit, il doit pourvoir, & pour cela se préparer secrétement de bonne heure des lieux d'une retraite assurée. Cette importante raison le doit obliger d'être toujours le maître du pays qu'il aura laissé derriere, afin de s'en servir au besoin, & d'y rassembler ceux des siens qui auront échappé à la mauvaise fortune. Il doit alors appeller de son pays de nouvelles forces, les attendre autant qu'il le pourra, afin de se mettre en état de tenter une autre fois le sort des armes. Il cachera cependant la grandeur de sa perte, & ne manquera pas d'en écrire aux villes voisines, soit qu'elles tiennent pour lui, soit qu'elles tiennent pour le parti contraire; car en matiere de guerre, l'apparence & la réputation sont extrêmement, & même on a toujours dit que les affaires du monde se commençoient par le conseil, & qu'elles s'achevoient souvent par l'opinion qui s'en concevoit.

XVIII. *Des retraites, & comment il les faut faire en pays ennemi.*

Il arrive quelquefois que la prudence d'un général se trompe, & qu'il s'engage insensiblement plus avant entre les ennemis qu'il n'en auroit eu dessein, soit qu'il ait eu l'espérance de les battre plus aisément, & de les défaire, soit pour s'emparer de quelque place avantageuse, soit pour ouvrir un passage à quelque secours, soit pour joindre & recevoir ses alliés, soit enfin pour quelque autre raison; en telle sorte qu'il se trouve au milieu d'un pays où tout s'oppose à ses projets; où les villes lui ferment les portes, où il n'a aucun moyen de passer les rivieres, & où il n'a rien à se promettre de ses amis. Il arrive même qu'un conquérant, en perdant une bataille, perd en même temps tout ce qu'il avoit conquis; & les peuples mal-accoutumés à ses loix, & qui n'ont pas encore éteint leur premiere affection pour leur Prince naturel, se révoltent, & secouant le nouveau joug qu'il leur avoit imposé, rentrent dans leur ancien devoir; en telle sorte que la précaution qu'il avoit prise pour s'assurer des quartiers qu'il laissoit derriere son armée, lui devient absolument inutile, & il se voit dans un péril qu'il ne sçauroit éviter, si son courage & sa bonne conduite ne lui font l'ouverture de quelque dernier moyen. Ce moyen est ordinairement celui de faire une retraite.

La résolution s'en forme toujours

par celui qui est affoibli, ou à raison de quelque soulevement des places qu'il auroit nouvellement soumises à ses armes, ou de quelque mouvement, qui seroit inopinément arrivé dans l'état pour lequel il est employé; soit de révolte des sujets, soit d'irruption des ennemis pour faire diversion : quelquefois il manque d'argent, de vivres & de munitions de guerre, sans qu'il puisse faire passer aucuns de ses convois. Souvent son armée est accablée de maladies, ou ruinée par la perte des bagages & de l'artillerie : tantôt il a souffert quelque grande défaite, ou étant abandonné par ceux qui l'étoient venus secourir, soit par la ruine de ses forces auxiliaires, soit par leur mauvaise foi : il veut se dérober à quelque grande armée, qu'il prévoit être sur le point de lui tomber sur les bras : quelquefois aussi la saison est devenue mauvaise, & les chemins sont rompus. Ainsi ne pouvant plus tenir la campagne, ni faire d'entreprise, il est contraint de prendre ses quartiers pour s'y mettre à couvert. Enfin jamais un capitaine n'a songé à faire de retraite, qu'il n'en ait été pressé par quelque raison semblable à celles que je viens de remarquer.

Le conseil de faire retraite étant pris, le général doit considérer, premièrement le pays où il se trouve, & qu'il est obligé de connoître parfaitement.

2. De combien de journées peut être sa marche.

3. De quels ennemis il est suivi, & quels obstacles il peut rencontrer.

4. La situation & la qualité des lieux par où il passera, & en quelle distance ils sont les uns des autres. Enfin ses forces, & la disposition de son armée, qui est le plus important sujet de ses soins & de son application.

Ces choses étant ainsi mûrement considérées, le bon capitaine jugera du temps, & des moyens qu'il doit prendre pour partir, & de l'ordre de sa marche; de quelles provisions il faudra que ses troupes soient fournies, quel bagage & quelle artillerie il sera à propos de faire conduire avec lui; en un mot, il déliberera sur tout ce qu'il aura à faire, & tâchera de prévoir ce qui pourra se rencontrer de favorable, ou de dangereux pour lui.

Qu'il se souvienne en marchant de parler souvent à ses soldats, d'en soutenir le cœur contre leur mauvaise fortune, de leur faire du bien, de leur donner de l'espérance, & par des raisons que les conjonctures lui pourront suggérer, qu'il leur persuade que leur retraite leur est aussi glorieuse, que leur seroit une victoire entiere; qu'il les entretienne de toutes les belles retraites que l'on voit dans l'histoire, principalement de celle que firent les dix mille Grecs, & dont Xénophon a fait un journal, qu'on peut dire être un des chef-d'œuvres de l'esprit humain, & une des plus excellentes merveilles que nous ait laissé la docte & vaillante antiquité (1).

Il arrive souvent qu'un ennemi dans son propre pays, est contraint de faire une retraite, soit pour éviter de combattre, soit pour réparer quelques mauvais événemens, soit qu'il se fonde sur quelque autre considération.

Un conquérant alors doit le poursuivre avec plus de vigueur & le plus de diligence qu'il lui sera possible, lui couper le chemin, tout hazarder pour ne le pas laisser échapper, & enfin faire comme s'il le poursuivoit fuyant, ainsi que j'en ai parlé ci-dessus.

Ce chapitre contient la plus grande partie des préceptes militaires, en ce

(1) La retraite de Boheme en 1744, peut bien être comparée à celle des dix mille. On y trouvera des faits aussi incroyables, & des leçons d'une aussi grande utilité. Il seroit à souhaiter que l'illustre chef qui commandoit à cette action, voulût bien, à l'imitation de Xénophon, nous en transmettre les détails, & recevoir ainsi la double couronne que la postérité a adjugée au capitaine Grec.

qui regarde la guerre offensive à la campagne. Il est temps d'examiner les moyens que des peuples attaqués dans leurs pays, auront pour se défendre ; ce que je ferai le plus succinctement que je pourrai : & delà je passerai à ce qui est de la guerre offensive & défensive pour les sieges.

CHAPITRE V.
De la guerre défensive de campagne.

I. Ce que doivent faire les habitans d'un pays où entre un puissant ennemi; quel remede ils doivent apporter à ce mal, & quel secours ils doivent chercher. II. Comment on peut ruiner une armée d'étrangers. III. Ce qu'il faut faire avant une bataille. IV. Comment il faut combattre un ennemi étranger. V. Ce qu'il faut faire après une bataille perdue. VI. Ce qu'il faut faire après une bataille gagnée. VII. Des diversions. VIII. Comment il faut suivre un ennemi étranger qui fait retraite.

I. Ce que doivent faire les habitans d'un pays où entre un puissant ennemi; quel remede ils doivent apporter à ce mal, & quel secours ils doivent chercher.

Il suffiroit de dire en cette occasion que les naturels habitans d'un pays se trouvant attaqués par une armée étrangere, doivent observer des maximes contraires à celles que j'ai établies au chapitre précédent. Je ne laisserai toutefois pas d'entrer dans le particulier de la conduite qui leur sera la plus honorable & la plus avantageuse; afin que ceux qui aiment la guerre, puissent plus aisément profiter des réflexions que j'ai faites sur les préceptes militaires, & en former des regles, pour s'en servir suivant les diverses rencontres qui s'en présenteront.

Il n'est pas possible qu'un grand Prince se propose une conquête, sans que le bruit n'en ait été répandu long-temps auparavant. La Renommée, qui découvre les choses les plus cachées, & qui publie ce qu'il y a de plus secret, & même qui devance la vérité, ne manque jamais de parler de ce qui doit arriver. Ainsi un peuple est rarement attaqué, sans avoir prévu ce qu'on a projetté à son desavantage,

& sans que les préparatifs qu'on a faits contre lui, ne l'aient suffisamment informé de ce qu'il peut appréhender: car comme le foudre ne tombe jamais, ou du moins rarement, qu'il n'ait été précédé de nuages, d'éclairs, de tonnerre, un Roi ne se met point en armes, qu'il n'ait rassemblé des matériaux pour exécuter ses résolutions, & qu'il n'ait fait précéder ses coups par des sommations & par des menaces: de sorte qu'un peuple qui sent que l'on veut l'attaquer, a tout loisir de se disposer à la défense; outre qu'il est de la sagesse & de la politique d'un état d'être toujours en armes, pour se garantir contre ses ennemis, ou pour les assaillir; ce que j'ai dit ci-dessus.

Le véritable caractere d'un conquérant est celui dont on voit qu'Annibal est revêtu dans l'histoire, c'est-à-dire, qui, sans perdre aucun temps, & sans déliberer, entreprend de tout assujettir à ses volontés; & qui, comme un un torrent, emporte rapidement ce qu'il rencontre dans sa course. Un capitaine au contraire, qui veut défendre son pays, doit s'arrêter à la conduite de Fabius Maximus, & par la cunctation (1), s'il m'est permis de me servir de ce mot, c'est-à-dire, en temporisant, fatiguer son ennemi, lasser sa patience, & l'empêcher de rien entreprendre, & de rien exécuter.

C'est ainsi qu'infailliblement on rendra inutiles tous les projets d'usurpation qu'un homme ambitieux pourroit avoir formés : mais pour y réussir il faut prendre des moyens sûrs & faciles, autant qu'il sera possible de le faire; car, comme le dit excellemment Aristote en quelque endroit de ses politiques, ce n'est rien faire que de s'être proposé quelque fin juste & raisonnable, si l'on n'emploie de bons moyens pour y parvenir.

Le premier moyen dont on doit se

(1) Fabius Maximus avoit le surnom de Cunctator.

servir en ces sortes d'occasions, est de réunir tous les esprits, & de les porter à concourir unanimement pour repousser les étrangers. Il faut pour cela leur faire connoître l'injustice de l'entreprise de leurs ennemis; leur faire sentir la honte qu'ils auroient de se soumettre sans combattre, & le péril où ils se jetteroient en se laissant vaincre par les armes; leur représenter l'indignité d'une domination étrangere, les maux qu'ils devroient appréhender de la part de leurs usurpateurs; leurs enfans égorgés, leurs filles deshonorées, le renversement entier de leur fortune, la ruine de leurs familles; un exil perpétuel hors de leurs pays, & la douleur enfin qu'ils auroient de voir désoler les lieux de leur naissance, & leurs terres soumises à l'avarice & au pouvoir de leurs ennemis.

Le second moyen est de garnir d'hommes & de munitions les places importantes.

Le troisième, rompre tous les ponts, & garder tous les passages des rivieres.

Le quatrieme, ôter les moulins, à mesure que l'ennemi s'avance, de crainte qu'il ne s'en puisse aider pour la subsistance de son armée. Il y en a même qui font un dégât universel partout leur pays, après avoir retiré les biens de la campagne dans les villes, & dans les lieux de sûreté; comme nous voyons que firent Arsanés & Mazée, lieutenans de Darius, quand ils brûlerent tout en Cilicie; & Vercingentorix brûla tout de même son pays, pour empêcher les Romains de lui faire la guerre (1). La même chose a été pratiquée dans le Brabant, comme nous le recueillons au livre cinquieme des annales de Rheedan.

(1) Il y eut vingt villes de brûlées dans la seule province du Berry: Bourges fut exceptée. Comment. de César, guerre des Gaules, l. VII.
Nous ne sommes plus dans le temps, où, pour prévenir de petits malheurs qu'on peut même éviter, on s'en fait de réels & de beaucoup plus grands que ceux qui sont à craindre.
Des dégâts tels que ceux dont parle l'auteur, n'ont

Le cinquieme moyen est d'appeller le secours des alliés & des voisins, leur montrer l'intérêt qu'ils ont de s'opposer à l'accroissement de la puissance qui les veut opprimer, parce qu'ils seront à leur tour l'objet auquel la même ambition s'attachera. Je dirai en son lieu comment on doit se servir de ses voisins & de ses alliés.

Le sixieme & dernier moyen est d'entrer en continuelle négociation avec l'ennemi, &, comme on dit, le chasser par un chemin d'argent, s'il est possible : il faut à cet effet lui faire des offres, & sur l'exécution, éloigner & apporter des difficultés; car en un mot, il n'est question que de gagner du temps, & on consomme par-là les efforts d'un conquérant; on trompe son avidité, & ses espérances en de-

lieu que lorsqu'on est forcé d'abandonner un pays ennemi, dont on s'étoit rendu maitre; encore les généraux défendent-ils qu'on y mette le feu. On reprochera longtemps à M. de Turenne & à M. de Louvois, la flamme portée deux fois dans le Palatinat.

viennent frivoles & souvent ridicules. Il est à observer que jamais (s'il n'y a des raisons d'une indispensable nécessité) un Prince qui défend son état, ne doit écouter aucune proposition de ses ennemis, qu'ils ne soient hors de ses frontieres.

Ces moyens peuvent empêcher les progrès d'un ennemi, mais il y faut ajouter la force ouverte; car dans ces occasions ce n'est rien d'avoir de la prudence, si on n'a des armes, & si l'on n'est instruit dans l'art de s'en servir. Minerve (dit-on à ce propos) seroit imparfaite, & ne s'attireroit ni le culte divin, ni l'adoration des hommes, si elle n'avoit une lance aussi bien qu'un fuseau. Elle est en effet la Déesse de la guerre, comme elle est celle de la paix, & son nom fait connoître qu'elle menace de même qu'elle inspire. Enfin qu'auroit-il servi à Apollon d'avoir été le pere des Muses, s'il n'avoit eu des traits pour tuer le serpent Python?

H iij

Il est donc nécessaire que le Prince qui se défend, soit aussi bon homme de guerre, que bon homme de cabinet. Il doit connoître la situation de son pays, la qualité des terres, l'inclination des sujets, la disposition où seront leurs esprits, la bonté & le nombre de ses places, ce qu'il y a de munitions, quelles sont ses troupes, ce qu'il peut en mettre en campagne, ce qu'il peut en retenir pour les garnisons, & à quel emploi il est à propos qu'il occupe chacun de ses capitaines. Il doit outre cela sçavoir quelles sont ses finances, & quels fonds il a pour faire venir de l'argent dans ses coffres; & enfin le tempérament & la puissance de ses ennemis.

II. *Comment on peut ruiner une armée d'étrangers.*

Toutes ces choses lui étant connues, il est très-expédient pour le bien de ses affaires, qu'il fasse quelque entreprise contre ses ennemis, afin de donner plus de cœur à ses soldats, qui déja commencent d'être abattus : car celui qui est sur la défensive, ressent je ne sçais quoi, qui secrétement ralentit sa vigueur ; au lieu que celui qui attaque est toujours audacieux & entreprenant.

Il seroit assez bon qu'il partageât ses forces en plusieurs camps-volans ; car il y a, ce me semble, de l'imprudence de commettre la fortune d'un état à l'événement d'une bataille générale, où le sort des armes est toujours incertain & dangereux. Ces camps-volans se répandant par la campagne, obligeront l'ennemi d'en faire autant ; & ainsi il n'entreprendra rien de considérable, ou s'il se tient en corps d'armée, il aura à craindre de toutes parts, pour son artillerie, pour ses bagages, pour son arriere-garde, en cas de marche, & en tout temps pour ses convois & pour ses fourrageurs ; de sorte que ne pouvant étendre ses quartiers sans péril de les voir enlever, il sera bientôt réduit à la nécessité des vivres, & de recevoir enfin la loi de celui à qui il prétendoit la donner. Ces camps-volans sont, outre cela, très-utiles pour jetter du secours dans les places qui seroient menacées de siege, & même pour empêcher qu'on ne les puisse investir. Si Darius n'avoit point combattu avec toutes ses forces, Alexandre n'auroit jamais conquis la Perse. Nous avons dans notre histoire un merveilleux exemple de l'art de bien défendre un état contre les étrangers, quand le Roi Charles V envoya Bertrand du Guesclin avec quatre mille hommes d'armes contre les Anglois & le Duc de Bretagne, qui étoient descendus à Calais avec plus de soixante mille hommes. Ce connétable ne leur donna point de combat général ; car il n'avoit pas du monde suffisamment pour cela : mais il les conduisit par le milieu de la France jusques à Bordeaux, sans leur permettre de rien entreprendre, & cependant ruina plus leur armée qu'il n'auroit fait en quatre batailles, ménageant ses gens, & ne perdant pas un seul homme (1). Je dirai encore en passant, que ces camps-volans servent presque toujours pour engager les ennemis plus avant dans le pays qu'ils ne voudroient ; car peu à peu ils se laissent conduire par l'envie qu'ils ont de pousser & de dissiper ces camps-volans ; ce qu'ils croient être très-nécessaire pour le succès de leurs desseins ; & ils y sont d'autant plus excités, qu'ils méprisent ces petits corps, & qu'ils en croient la victoire aisée à remporter.

(1) Cette sçavante guerre se trouve parfaitement bien écrite dans l'*Histoire de Bertrand du Guesclin*, imprimée en 1666, in-fol. & en 1650 in-4. dont est auteur Paul Hay du Châtelet, à qui on attribue aussi le livre de la *Politique militaire*.

III. *Ce qu'il faut faire avant une bataille.*

Mais comme dans la guerre les occasions sont maîtresses des conseils, & que tous les jours les résolutions se changent par la différence & le changement des conjonctures, il arrive souvent qu'un Prince, pour se défendre, est obligé de donner bataille ; car par exemple, il sçait qu'il vient une nouvelle armée au secours de ses ennemis, de laquelle étant attaqué par une autre partie de son pays, il ne lui sera pas possible d'y faire tête ; de sorte qu'alors il ne sçauroit se dispenser de combattre, parce qu'il est de son intérêt d'affoiblir son ennemi avant que toutes ses forces soient rassemblées.

Il peut naître d'autres occasions de cette qualité, qu'il seroit difficile de prévoir. Or les affaires se trouvant en de semblables dispositions, un capitaine doit assurer toutes les places, en cas que le succès du combat ne lui fût pas favorable : comme aussi mettre son argent & son bagage en sûreté ; & quand son armée sera en bataille, faire ce que j'ai dit au chapitre précédent, que devoit faire un conquérant ; & passant de rang en rang, exposer à ses soldats qu'ils ne combattent pas seulement pour la gloire, ni pour leur propre salut, mais qu'outre cela ils combattent pour les autels, sur lesquels ils ont sacrifié, pour les saints tutélaires de leur patrie, pour les cendres de leurs ancêtres, pour les maisons où ils ont pris naissance, & où ils ont été élevés, pour leur fortune, pour le repos, la vie, la liberté & l'honneur des personnes qui leur sont plus cheres au monde.

Il leur doit parler de l'injustice de leurs ennemis, & de la témérité de leurs entreprises, avec tant de force, qu'il leur donne contr'eux de la haine & de la colere.

IV. Comment il faut combattre un ennemi étranger.

L'ordre de bataille que doit tenir un capitaine en défendant son pays, est le même que doit tenir un conquérant; mais il faut qu'il ôte à ses troupes tout espoir de retraite, & qu'il leur fasse entendre qu'elles sont obligées de vaincre ou de mourir; parce que la mort est un mal bien moindre que ne le seroit celui dont leur défaite seroit suivie. Il doit toutefois se conserver, ou pour rétablir la perte qu'il pourroit faire, ou pour mieux profiter de l'avantage qu'il pourroit obtenir; d'autant qu'une armée battue ne se remet jamais, quand elle manque de chef: & si elle est victorieuse, elle ne tire aucun avantage de sa victoire, étant privée de tout mouvement, comme le seroit un corps qui n'auroit plus de vie.

V. *Ce qu'il faut faire après une bataille perdue.*

Si la fortune lui est contraire, & qu'en un mot la bataille se trouve perdue pour lui, il doit se jetter dans la principale de ses places, pour y rassurer le courage des habitans, & leur donner quelque nouvelle espérance: ce qui est très-important; car toujours les peuples suivent les mouvemens de la ville capitale, qui emporte les autres comme leur premier mobile. Là il rassemblera le débris de son naufrage, & levera d'autres gens pour éprouver la fortune une seconde fois. Sitôt qu'il se verra en état de se remettre en campagne, il n'y doit perdre aucun instant, afin que sa diligence & sa promptitude donne à ses amis une bonne opinion de sa conduite & de ses affaires, & qu'ils les croient meilleures qu'elles ne le seront en effet, & afin, d'un autre côté, que ses ennemis n'aient pas le loisir de rien tenter de considérable, avant qu'il soit en pouvoir de s'opposer à leurs desseins. Cette seconde armée étant sur pied, il doit faire la guerre comme s'il n'y avoit point eu de bataille, & même se montrer plus fier & plus inflexible qu'auparavant. Les Romains nous ont laissé sur ce point d'illustres exemples; leurs pertes relevoient leur audace, & les rendoient introuvables à leurs ennemis (1); au contraire quand ils étoient victorieux, ils affectoient de faire sentir aux vaincus des marques de leur douceur, de leur justice & de leur modération.

VI. Ce qu'il faut faire après une bataille gagnée.

Si le capitaine qui défend son pays

---

(1) Les Romains ne se relevèrent après la bataille de Cannes, que parcequ'ils prirent les plus fortes résolutions, qu'ils les exécutèrent si vigoureusement que non seulement ils chassèrent les Carthaginois d'Italie, mais qu'ils les poursuivirent jusqu'en Afrique, où enfin ils les subjuguèrent entièrement. Tels sont les Romains, dit Polibe; plus ils ont raison de craindre, plus ils sont redoutables. L. III, ch. XVII.

est assez heureux pour gagner la bataille, il doit incontinent après se faire voir avec toute son armée aux portes de la ville la plus importante de celles que ses ennemis auroient prises ; si ce n'est qu'elle fût tellement pourvue d'hommes & de munitions, qu'en s'opiniâtrant au siege il ne ruinât ses affaires, par le temps qu'il donneroit à ses ennemis de se rétablir, & d'avoir de nouvelles forces. Il est plus expédient quelquefois de pousser les vaincus pendant que la fortune est favorable, & profitant des conjonctures, les contraindre de se retirer ; parce que l'ennemi étant chassé peu à peu, les places se remettent dans l'obéïssance, & dans leur premier devoir, sans qu'il soit nécessaire de les y obliger par des sieges, qui sont toujours de grande longueur, & de très-grande dépense.

VII. Des diversions.

Ce n'est pas seulement par les moyens dont je viens de parler, qu'on se peut défendre contre les prétentions de quelque usurpateur; il y en a un autre, qui est celui des diversions, lequel à la vérité on ne sçauroit mettre en usage dans l'état assailli; & pour l'employer il faut aller chercher l'ennemi jusques dans son propre pays. Nous avons plusieurs exemples des diversions, & entr'autres de celles que firent autrefois contre les Carthaginois les Siciliens, conduits par Agathocles, & les Romains sous la conduite de Marcellus en Sicile, de Gracchus en Sardaigne, & des deux Scipions en Espagne; & enfin du jeune Scipion qui acheva la ruine de Carthage (1).

---

(1) Agathocles, Roi de Syracuse, assiégé dans sa ville par les Carthaginois, y laisse un nombre suffisant de troupes pour la défendre, prend le reste, & va à Carthage; il y gagne la bataille la plus complete contre Hannon, général des Carthaginois.

Marcus Claudius Marcellus fut trois ans au

Les diversions ont eu quelquefois de très-heureux succès : mais il faut bien prendre ses mesures quand on veut les faire réussir; & la perte des Scipions en Espagne est une preuve constante de la vérité de cette proposition (1). Elles se peuvent faire en trois manieres, ou en suscitant une guerre étrangere à ses ennemis; ou en faisant révolter leurs sujets, & troublant leur état par des factions & des guerres civiles, soit en abandonnant la conservation de son propre bien, & faisant passer des forces dans leur pays.

---

de Syracuse ; le fameux Archimede, qui s'étoit renfermé dans la place, fit des maux infinis aux Romains. Gracchus soumit la Sardaigne à l'Empire Romain, 210 ans avant l'Ere chrétienne.
Après la bataille de la Trébie, Cneus Cornelius Scipion fut envoyé en Espagne ; il y a gagné la bataille de Cisse contre Hannon, & fit un butin fort considérable ; dans lequel furent pris les bagages que les Espagnols avoient laissés en partant pour l'Italie. La diversion de Publius Cornelius Scipion en Espagne, n'empêcha pas Annibal d'entrer en Italie, non plus que celle de Tiberius Sempronius en Afrique. Pour ce qui regarde la diversion des Romains par Scipion, le jeune, voyez la description de la bataille de Zama, ce qui l'a précédé, & ce qui l'a suivi. Pol. l. XV. ch. I.
(1) Polibe, l. III.

Mais de quelque manière que la diversion se fasse, il est nécessaire d'avoir des intelligences parmi les ennemis : & en effet, si les Carthaginois n'avoient été troublés d'agitations domestiques, d'envie, de jalousie & d'ambition entre les principaux de leur sénat, ni Agathocles, ni les Romains n'y eussent rien avancé pour leurs affaires, en entrant dans les provinces de leur domination.

VIII. Comment il faut suivre un ennemi étranger qui fait retraite.

Quand enfin un ennemi lassé de ses pertes, & désespéré de ne pas profiter dans ses desseins, se voit contraint d'abandonner ses entreprises, & de se retirer dans son état, que pour cela il médite une retraite, suivant à peu près ce que j'en ai remarqué dans le précédent chapitre, il faut faire comme fit Thémistocles victorieux, à Xerxès vaincu (1), quand

(1) A la bataille de Salamine.

il lui fit accroire que les Grecs, pour lui ôter le moyen de repasser en Perse, avoient projetté de rompre ou de brûler le pont merveilleux & incroyable qu'il avoit fait sur l'Hélespont, pour joindre l'Asie à l'Europe : ce que Xerxès ayant appréhendé il se retira ; car c'est une maxime inviolable qu'il faut plutôt faire un pont d'or à son ennemi, que de l'empêcher de faire retraite. Il le faut néanmoins poursuivre pied à pied, pour lui causer toujours quelque perte ; mais principalement pour le presser, & pour empêcher qu'il ne prenne résolution de retourner sur ses pas, & de faire la guerre de nouveau. Et pour cela il faut ruiner son équipage autant qu'on le pourra, afin qu'il ne s'engage à aucune entreprise, & ne songe qu'à regagner son pays.

CHAPITRE VI.

De la guerre offensive & défensive, pour les sieges des villes.

I. Des fortifications. II. Comment il faut investir une place. III. Du camp, des lignes de circonvallation, de contrevallation, des quartiers. IV. Des tranchées, des travaux, de l'artillerie. V. Des demi-lunes, bastions détachés, & autres ouvrages du dehors des places. VI. Du corps des places, des mines, des assauts, & des logemens. VII. Des citadelles & châteaux. VIII. Des surprises, des pétards, des escalades, des trahisons. IX. Des blocus. X. Du devoir d'un général qui assiege. XI. De la garde des places, devoir d'un gouverneur de ville, & ce qu'il doit faire quand elle est assiégée. XII. Des sorties. XIII. Des secours ; comment

ou Traité de la Guerre. 189
peut secourir une ville. XIV. Ce que les assiégeans doivent faire pour empêcher le secours. XV. Des capitulations. XVI. Des villes prises de force, du pillage. XVII. De la réparation d'une ville prise. XVIII. Quand on doit lever les sieges.

I. *Des fortifications.*

UNE des plus excellentes parties de la science de la guerre, est celle qui nous instruit dans l'art de fortifier des places, où nous puissions nous tenir à couvert de la fureur de nos ennemis. La sage nature, qui prend un soin continuel de ses ouvrages, & dont l'affection plus que maternelle ne se peut épuiser, ne s'est pas contentée de tirer les choses du néant, & de les avoir fait passer de la privation à l'habitude, elle s'emploie encore incessamment à leur conservation ; & par une économie admirable, elle se conduit en telle sorte, que ses diverses productions, dont les qualités ont si peu de rapport ensemble, & qui même sont opposées les unes aux autres, se trouvent nécessaires pour le bien commun de l'univers, & que leur contrariété entretient l'harmonie qui en fait la durée & l'ornement.

La nature donc a premiérement enseigné aux hommes l'art de la fortification, en faisant des situations si heureuses, qu'ils y ont rencontré des retraites assurées contre les violences des étrangers, & des bornes pour en arrêter les irruptions, ou du moins en retarder l'effet. Mais comme tous les lieux agréables pour l'habitation, ou utiles pour le commerce, ou pour la société civile, n'ont pas été situés assez avantageusement pour maintenir les habitans dans une constante tranquillité, les hommes ont réparé par leur industrie, les défauts que la nature avoit laissés, & ont ajouté à ses premiers traits, ce qu'ils ont cru de plus propre pour les mettre dans une perfection achevée. Cet art de fortifier des places a changé selon les temps, ou, pour mieux dire, selon les armes, & suivant qu'on les a attaquées. En effet les fortifications de Babylone, de Tyr & de Carthage, font bien différentes de celles de nos villes, parce qu'il y a bien de la différence entre les armes des Anciens & les nôtres. Enfin quand je fais réflexion aux demi-lunes, aux bastions, & aux autres ouvrages de fortification, je ne puis m'empêcher de me souvenir de la fable des Titans, qui entassoient montagne sur montagne, pour escalader le ciel, & se garantir des foudres de Jupiter. Aussi est-il vrai que le canon en est une image vive & épouvantable : ce qui me fait dire que dans les derniers siecles, les Rois ont éprouvé le moyen d'imiter Dieu dans sa colere, & que les Princes de l'antiquité qui en avoient eu l'audace, n'avoient fait paroître qu'une vanité ridicule & puérile.

Je ne parlerai pas plus au long des fortifications, nous en avons plusieurs traités excellens, auxquels il s'en faut tenir (1). Je dirai seulement que les plus grandes places ne sont pas toujours les meilleures ; ce qui se fait par la raison qu'elles sont d'une trop grande garde : elles sont toutefois plus faciles à secourir que les petites.

II. Comment il faut investir une place.

Un capitaine qui a pris la résolution d'assiéger une ville, doit donner jalousie à toutes les places du pays, afin que les ennemis, dans l'incertitude de son dessein, ne sçachent où ils devront jetter le plus de monde ; qu'ainsi l'allarme & la terreur se répandent par toutes les villes, & que les

―――――――――――

(1) Tels sont *le Parfait Ingénieur*, *l'Ingénieur Campagne*, *les Elémens de Fortification*, &c. On les trouve chez Jombert, rue Dauphine, ainsi que tous les ouvrages sur la guerre.

forces ennemies en demeurent davantage séparées. Cette feinte se pourra continuer jusqu'à ce que le siege soit entiérement formé; & même il ne sera pas hors de propos que l'on investisse quelque autre place que celle sur laquelle on aura la principale intention.

Quand on veut tout de bon faire un siege, il faut premiérement envoyer un grand corps de cavalerie, qui ayant marché la nuit, se présente inopinément le lendemain à la vûe des murailles; que le commandant fasse brûler ce qui se trouvera à la campagne, qu'il divise ses gens pour battre incessamment aux environs, & qu'on se tienne proche des portes, afin que rien n'y entre & rien n'en sorte sans qu'il en soit averti. Cependant le gros de l'armée suivra incessamment, & chacun en arrivant ira se loger; car il faut qu'un général, ayant que de faire un siege, dispose son camp, sépare

I

ses quartiers, distribue les places des soldats; que même il ait arrêté comment il fera ses lignes, qu'il ait marqué les attaques, avec l'endroit où il ouvrira les tranchées, & qu'en un mot il ait toute son affaire dans l'esprit, comme un architecte y a la maison qu'il veut bâtir, avant que d'avoir mis aucun ouvrier en besogne. Tout cela se peut faire par le moyen d'une carte topographique, & on rectifiera sur le terrein ce qu'on aura résolu au conseil & dans le cabinet; de sorte que le camp se fera en un instant, sans peine & sans embarras.

III. *Du camp, des lignes de circonvallation, de contrevallation, des quartiers.*

Tout le monde étant arrivé, il faudra que chacun songe à s'établir & à se loger; & s'il se peut, il faudra en même temps distribuer par régimens les travaux des lignes, prendre le cordeau, & les tracer.

Pour bien sçavoir de quelle étendue, de quelle largeur, & de quelle profondeur il sera bon de les faire, & ce qu'il sera nécessaire d'y employer, il faudra observer la nature du terrein, la situation des lieux, & la qualité du pays, la saison, les forces de l'armée, celles qu'aura l'ennemi à la campagne, & l'état de la place. Un général ne doit rien négliger de tout cela ; & surtout il doit sçavoir si le gouverneur est homme expérimenté, s'il est brave, vigoureux & entreprenant, s'il est bien obéi des soldats, & en bonne intelligence avec les bourgeois, & s'il y a parmi eux quelques gens de main & de service.

On ne peut autrement prendre de mesures certaines pour la conduite d'un grand siege. Sur ces observations, il faudra faire les lignes, & les faire aussi bonnes qu'on le pourra : on ne manquera pas à les garnir de redoutes, & d'autres ouvrages qui se défendent, comme je l'ai remarqué dans le chapitre IV de ce Traité, page 81, quand j'y ai parlé des campemens.

Si la garnison est extrêmement forte, on pourra faire une ligne de contre-vallation, pour mettre le camp à couvert des assiégés. César étoit fortifié contre ceux qui s'étoient renfermés dans Alize (1), de la même sorte qu'il l'étoit contre ceux qui devoient le venir attaquer du côté de la campagne.

Chaque officier général aura soin de voir dans son quartier ce qu'il y aura à faire pour loger tout le monde, pour y entretenir l'ordre & l'obéissance, & pour avancer le service. Quelquefois les quartiers se trouvent séparés par une riviere, par des fossés, par un marais, ou par quelqu'autre chose. Il faut en ce cas les joindre, ou par des

―――――――――――――――
(1) On *Alexie*. La ligne de circonvallation de César avoit 3 lieues de tour & étoit défendue par 23 forts; il y avoit à 80 pas un fossé de 20 pieds de large; la circonvallation consistoit en deux fossés de 15 pieds de haut & de large, & avoit un rempart de 12 pieds, garni d'un parapet.

ponts, ou par des chauffées, ou par des lignes de communication; car il est de néceffité abfolue & indifpenfable, que les quartiers fe puiffent aifément raffembler, & que tout fe communique facilement de l'un à l'autre.

IV. *Des tranchées, des travaux, de l'artillerie.*

Les chofes étant difpofées enforte que l'on puiffe ouvrir les tranchées, il ne faut perdre aucun temps, & prendre une heure commode pour le faire. On a vu quelquefois des généraux d'armées fonder la terre avec leur épée, pour juger de quelle nature elle eft. L'ingénieur, qui doit fçavoir fon métier, les tracera lui-même, & prendra garde à ce qu'elles ne foient point enfilées, c'eft-à-dire, à bien couvrir les troupes qui feront dedans, contre le feu que pourroient faire les affiégés. En faifant les tranchées, il faudra fuivre la nature du terrein, & les faire enforte que les soldats puissent sûrement tirer contre les assiégés; ce que l'on doit leur faire faire presque continuellement : mais que le général se souvienne de ne rien précipiter. Il faut que les tranchées soient faites à loisir, de crainte d'y perdre trop de gens; & il faut toujours qu'un grand capitaine ait dans l'esprit, & qu'il en soit persuadé fortement, que sa principale application regarde le salut de son armée : il lui est moins glorieux de prendre une ville, que de conserver un bon soldat, & sans doute il est de son devoir & de son honneur, de ménager soigneusement les hommes qui ne craignent pas d'exposer leur vie pour sa réputation ; outre que tout l'avantage dans la guerre, est d'avoir de vieux soldats ; & si on les veut faire vieillir dans ce métier périlleux, il ne faut pas les hazarder avec témérité, & même il ne faut pas souffrir qu'ils aillent aux occasions qu'à leur tour, & quand ils sont commandés.

Il est quelquefois à propos d'aller droit au fossé d'une ville sans ouvrir de tranchée, pour ménager le temps, dont l'épargne est très-importante. Il est mieux de faire ceci à la faveur de la nuit qu'en plein jour: mais il ne faut pas tenter ces actions extraordinaires, qu'on ne soit assuré que la garnison est foible, ou qu'il y a du désordre dans la place, ou qu'on y manque de poudre.

Dans la continuation des tranchées il y a toujours des raisons qui obligent à faire des redoutes & des places d'armes; & là on met des vivandiers & des gens pour charger les ennemis quand il est à propos. On avance les batteries à proportion qu'on avance les tranchées, afin que le canon favorise toujours la tête des travaux, & qu'on ruine plus aisément les défenses que les ennemis pourroient faire. Il seroit inutile de dire ici qu'il est bon qu'à toute heure il y ait des gens prêts pour soutenir les travailleurs, & pour la garde du canon, parce que c'est une chose connue de tout le monde. A propos d'artillerie, je dirai deux choses en passant : la premiere regarde l'attirail, qui est, à mon gré, d'une excessive dépense, & d'un très-grand embarras ; car quelle peine n'a-t'on point à traîner les grosses pieces de canon ? la moindre pluie, une montagne, enfin un chemin un peu rude ou enfoncé, les retardent, & en même temps arrêtent toute une armée. J'approuve fort l'invention dont les Turcs se sont servis quelquefois, qui est de donner certaine quantité de métal à chaque compagnie, qui la porte facilement ; & quand on est campé, on fait la fonte des pieces de la grosseur dont on a besoin : la seconde observation que j'ai à faire, regarde la grosseur des canons : c'est assez & même trop, de faire ceux de batterie ordinaire de trente-six livres de balle. Mais quand on veut battre une ville en ruine, il faut faire les pieces les plus grosses que l'on peut. Les bombes sont excellentes, & si elles font pleinement leur effet, elles tuent beaucoup de gens, & donnent une extrême épouvante aux habitans & aux soldats. Il y a une chose généralement à remarquer, c'est que jusqu'à ce que les assiégés parlent de se rendre, il les faut traiter sans pitié, & ruiner, autant qu'on le pourra, toutes les maisons particulieres, & tous les bâtimens publics, sans épargner ni les clochers, ni les tours, ni les églises mêmes : d'autant qu'outre que pendant le siege on s'en peut servir contre les assiégeans, c'est qu'après, tout se rétablira ; & cela ne va qu'à quelque perte que feront les bourgeois, & qu'ils répareront bientôt : & cependant cette sorte de traitement donne de la douleur & de la colere aux naturels du pays contre leurs propres garnisons, étant fâchés de voir renverser les monumens de religion & de magnificence, que leurs ancêtres avoient donnés à la postérité, & qui faisoient la beauté & la gloire de leur patrie.

V. *Des demi-lunes, bastions détachés, & autres ouvrages du dehors des places.*

Après qu'enfin on est parvenu aux demi-lunes, il en faut chasser les ennemis ; car sans cela on ne sçauroit bien achever un siege, ni le conduire à une bonne fin. Ces ouvrages de dehors se prennent ou d'emblée, en s'y jettant hardiment & à vive force, sur quoi le général doit écouter sa sagesse & son expérience, & ne rien faire légerement ; ou bien elles se prennent par les formes, en y faisant une mine qui prépare & facilite aux assiégeans les moyens de s'y loger, & de s'en rendre les maîtres. Ce qu'il y a de plus difficile, c'est quand on vient de la sape, qu'on perce le fossé, & qu'il est question d'y descendre; car les assiégés ne manquent pas alors de s'y rendre en bon nombre & en bon état, surtout si le fossé est sec. Et d'autant qu'on ne peut pas employer beaucoup de monde pour ces sortes d'exécutions, les assiégés peuvent plus aisément se défendre contre ceux qui s'y présentent. Que si le fossé est plein d'eau, on le passe par le moyen des galeries & des pontons.

Toutes ces sortes d'expéditions se font mieux de nuit que de jour; mais il faut faire la guerre à l'œil, suivant le proverbe. On doit se souvenir ici que dans les attaques les grenades sont d'un effet merveilleux, & qu'il faut instruire tous les soldats à les jetter. Il seroit fort bon de trouver quelque invention de frondes pour cet effet:

VI. *Du corps des places, des mines, des assauts, & des logemens.*

Après plusieurs soins & plusieurs difficultés, enfin les assiégeans arrivent au corps de la place, & y attachent leur mineur. Les mines ne sont pas d'invention nouvelle, & les anciens s'en sont servi. Mais, sans m'arrêter à faire la différence que l'on pourroit remarquer entre les anciennes mines, & celles qui sont en pratique depuis l'usage de la poudre à canon, ce qui me seroit très-facile à faire, en ayant dit quelque chose ailleurs, je me contenterai de dire en cet endroit qu'il faut que la mine soit avancée dans les terres du bastion le plus qu'il se pourra, sans trouver les contre-mineurs, & que le fourneau soit capable de recevoir autant de poudre qu'il en faudra pour faire un grand effort. Le fourneau étant prêt & chargé, il faut y mettre le feu sans perdre de temps; l'armée sera en bataille, prête à donner, s'il est nécessaire; & incontinent après que la mine aura joué, les hommes commandés pour cette occasion, iront reconnoître la breche, & commenceront le logement; ils y seront suivis de ceux qui les doivent soutenir. Les commandans prendront garde surtout qu'il n'y ait point de confusion & de précipitation dans les assauts; & il sera souvent de leur prudence de se contenter de faire un logement pour mettre une garde à couvert, sans prétendre le pousser tout d'un coup sur le haut du bastion. Je souhaiterois qu'aussi-tôt que le logement seroit fait, les assiégeans fissent quelque ouverture qui pénétrât plus avant dans le bastion, afin d'éviter quelque fourneau de la part des assiégés; ou bien pour faire une seconde mine, & avancer ainsi pied à pied. On doit rarement entreprendre de forcer une ville par assaut, il en coûte toujours trop de vaillans hommes. Le sac d'une grande ville est aussi toujours un spectacle d'horreur & de compassion; & souvent les armées se ruinent & se dissipent quand elles se sont ainsi enrichies. Pendant que l'assaut durera, il faut que le canon tire incessamment contre la ville, & que toute l'infanterie fasse un grand feu pour empêcher les assiégés de paroître à la breche.

VII. *Des citadelles & des châteaux.*

Il y a beaucoup de villes qui ont des châteaux & des citadelles, & quelquefois l'un & l'autre : il faut emporter ces forteresses après s'être rendu maître de la place. Ce sont souvent d'autres sieges qu'on a à faire. Je voudrois, pour gagner du temps, conduire, s'il étoit possible, une attaque contre la citadelle ou le château, pendant que l'on attaqueroit la ville, afin que tout venant à se rencontrer en état en même jour, il n'y eût plus rien à faire, & que les ennemis fussent contraints de quitter tout d'un coup, sans avoir de prétexte de chicaner de nouveau. Ces espèces de chicanes ne se font que quand les villes sont prises d'assaut : ce qui est bien rare, comme j'ai dit ; car quand les assiégés sont réduits à capituler, ils le sont pour le tout (1).

VIII. *Des surprises, des pétards, des escalades, des trahisons.*

Ce n'est pas seulement par des sièges réglés que l'on acquiert des villes, & que l'on en fait la conquête : on a encore la voie des surprises, lesquelles se font, ou par la force des armes, ou par intelligence avec quelques-uns des ennemis. Quant à la force, on y emploie le pétard & l'échelle. Il y a un secret particulier pour appliquer bien les pétards, à quoi il faut s'être

---

(1) Le siège de Turin en 1640, est remarquable en ce qu'on y voit le Prince Thomas de Savoye, maître de la ville, faire le siège de la citadelle, tandis que le comte d'Harcourt fait celui de la ville ; & en ce que le même comte d'Harcourt est assiégé dans son camp par le marquis de Léganès, pour les Espagnols.

précisément étudié. Les livres en sont tous pleins, en telle sorte que je crois qu'il me seroit inutile d'en parler plus au long; outre que je n'ai pas entrepris d'entrer dans le détail, ni, pour ainsi parler, dans la méchanique de la guerre. Ce petit ouvrage regarde ce qu'il y a de libéral, c'est-à-dire, ce qu'il y a de plus excellent dans cet art des heros. J'y traite des mouvemens de l'ésprit & du cœur, sans toucher, qu'en passant, à ceux de la main. Enfin je considere la magnanimité, & la cherchant dans la source & dans son principe, je médite sur la valeur de la raison; jusques-là que, peut-être, aurois-je quelque droit de nommer ce Traité une philosophie militaire. Mais c'est assez m'écarter de ma route; j'y rentre donc en disant que l'on emploie les échelles aux surprises. Les Anciens (1), & nos peres mêmes

---

(1) Antiochus surprend la ville de Sardes, au moyen d'échelles, 215 ans avant J. C. On verra ci-après qu'Alexandre avoit aussi pris par escalade la ville des Oxidraques.

ont connu ce moyen, qui leur étoit ordinaire & familier, & ils l'ont même pratiqué, quand ouvertement ils ont fait des sieges. C'étoit ce qu'ils appelloient le plus communément aller à l'assaut. Le mousquet en a presque supprimé l'usage ; & nous avons peu d'exemples depuis que l'artillerie a été trouvée, qui nous fassent voir qu'en plein jour les escalades aient réussi. Le canon a pareillement rendu inutiles toutes les tours de bois, & autres machines de cette qualité, dont on se servoit auparavant pour les approches & pour combattre main à main avec les assiégés.

A ces deux moyens, dont je viens de parler, on pourroit ajouter la sappe des murailles, ou y faire des trous secrétement : on pourroit encore, outre cela, mettre le feu à quelque fausse porte ou poterne, & par-là faire couler du monde dans la ville. Toutefois comme les fortifications des places importantes sont de terre, que les murailles n'y servent que pour revêtir l'ouvrage, & pour le soutenir, & que les fausses portes y sont rares, & gardées avec un extrême soin, ces moyens me paroissent inutiles : mais il y en auroit un autre qui, ce me semble, ne seroit pas à négliger : si par une nuit obscure des mineurs se glissant en quelque lieu écarté, faisoient une mine dont l'effort fît inopinément une brèche, & qu'en même temps il y eût des troupes prêtes à donner. Si le fossé est sec, il est facile d'exécuter cette sorte d'entreprise; s'il est plein d'eau, il faut se garnir de petits bâteaux qu'un homme pourroit porter; comme les sauvages de l'Amérique portent leurs canots. Sur quoi je dirai en passant, qu'il seroit très-à-propos d'en faire faire en ces pays-là, & les apporter en France; car on s'en pourroit servir en mille occasions, & surtout si on faisoit la guerre dans un pays d'écluses. Les Romains, & même les Grecs avoient souvent dans leurs armées de terre, de quoi faire des flottes entieres: les matériaux étoient tout prêts sur des charriots; & quand on en avoit besoin, on n'avoit qu'à assembler les pieces, & en peu de temps une flotte étoit en état. Leurs vaisseaux, à la vérité, n'étoient pas si grands que sont les nôtres. Les canots des sauvages seroient beaucoup plus commodes à porter que n'étoient ces matériaux chez les Anciens; & ils seroient toujours tout prêts. Il en faudroit un à deux soldats, & même ils s'en serviroient pour des lits. Cette pensée n'est pas tout-à-fait à rejetter.

Outre tout ce que je viens de dire, on peut surprendre les villes en déguisant des soldats en paysans, en femmes, & en gens de métier, &c. lesquels, à la faveur de ce travestissement, peuvent se saisir d'une porte, & empêchant qu'elle ne se ferme, donner temps aux troupes qui les soutiendroient, de venir achever l'exécution. Mais ce moyen ne me paroît pas possible, parce que les portes des bonnes places sont toutes fortifiées ; il y en a une premiere & une seconde qui n'ouvrent jamais ensemble ; & quand l'une est ouverte, l'autre est infailliblement fermée.

Enfin on pourroit insensiblement faire couler dans les villes des soldats, lesquels s'enrôlant dans les compagnies de la garnison, prendroient leur temps, & de concert ensemble, mettroient le feu par toute la ville au signal qu'on leur auroit donné ; & pendant que les bourgeois & les soldats seroient occupés à éteindre l'embrasement, on feroit attaquer de toutes parts. C'est presque ainsi que se fit l'embrasement de l'ancienne Troye.

Quant aux surprises qui se font par intelligence & par trahison, je n'ai presque rien à dire. Cette voie est tellement contre mon inclination, & j'y trouve l'exacte générosité si honteusement blessée, que j'ai peine à m'imaginer que l'on puisse écouter aucune proposition de cette qualité, ni recevoir de semblables ouvertures : néanmoins comme l'usage en est établi, je ne puis m'empêcher d'en parler.

Il y a trois especes de trahisons à quoi il ne faut jamais entendre, pour quelque prétexte ni raison que ce soit. La premiere est d'empoisonner les vivres, les fontaines & les puits :

La seconde, de faire passer chez les ennemis des maladies de peste, ou d'autres maux contagieux pour les infecter. Certes il y a de l'inhumanité & de la barbarie de corrompre les élémens, &, pour ainsi parler, de séduire la nature, afin d'assouvir notre vengeance & notre ambition.

La troisieme est quand par des pratiques sourdes on fait assassiner un général d'armée, ou un homme de grande considération. Et quelque louange que l'histoire donne à Scévola de s'être mis en état de tuer Porsenna dans son camp (1), je sens une résistance secrete en moi-même contre les sentimens de l'antiquité ; & bien loin d'applaudir à cette action, je la blâme & la regarde comme indigne du nom Romain. Cette troisieme espece de trahison est encore bien plus horrible, quand ce ne sont pas des ennemis déclarés qui en sont les ministres, & que l'on y emploie le nom auguste d'amitié. Alexandre peut-il être excusé d'avoir employé le meilleur des amis de Parménion pour le tuer, quelque sujet qu'il eût de le faire punir (2). Et Edouard III, Roi d'Angleterre, n'a-t-il pas chargé sa mémoire d'un repro-

---

(1) Scévola passa secrétement dans le camp de Porsenna, dans le dessein de le tuer, & de délivrer Rome, l'an 246 de Rome.

(2) Parménion ayant été soupçonné d'avoir trempé dans une conspiration contre la vie d'Alexandre, pour laquelle son malheureux fils avoit été injustement mis à mort, fut tué par ordre du même Alexandre dans la province de Médie, où il commandoit.

che dont jamais elle ne sera purgée, en faisant poignarder Yvain de Galles (1)? si pourtant on peut dire qu'il ait eu quelque part à cet assassinat. Enfin les trahisons ont pour moi quelque chose de si effroyable que Zopyre (2), dans l'histoire ancienne, me paroît avoir fait une action d'insensé & de méchant homme tout ensemble, quand pour trahir les Babyloniens, que Darius tenoit assiégés, il se coupa le nez & les oreilles, & qu'il feignit avoir reçu ce mauvais traitement par la cruauté de ce Roi. Ces trois espèces de trahison étant ôtées de tout usage & de toute tolérance, je passe aux autres espèces.

(1) Histoire d'Angleterre de Rapin Thoyras, tom. 3.
(2) Zopyre par ce moyen acquit la confiance des Babyloniens qui, dans l'espérance qu'il se vengeroit, donnèrent le commandement de deux détachemens, dont les sorties furent heureuses, parce que Darius d'accord avec lui, ne lui avoit opposé que ses plus mauvaises troupes. Ils lui en confièrent enfin un troisième beaucoup plus fort que les précédens, avec lequel il s'empara d'une des portes de la Ville, & la livra à Darius, qui devint ainsi maître de Babylone, après un siège de vingt mois.

Quand on fait quelque proposition de livrer une place par intelligence, il faut que celui à qui on s'adresse prenne ses mesures avec toute la prudence possible ; car souvent les gouverneurs habiles gens, font faire ces sortes d'ouvertures pour tromper leurs ennemis. Ainsi, sans rien rebuter, mais aussi sans aucune vaine confiance, il faut soigneusement examiner de quelle part viennent ces avis ; car quelle honte est-ce à un homme d'être la fable du monde, pour avoir donné une créance légere & trop facile à ceux qui ne lui devoient causer que soupçons ? & quelle douleur, en un mot, ne doit-il point ressentir, pour s'être laissé tomber dans le piége que ses ennemis lui avoient préparé ?

Ensuite de ce premier examen, il faut voir quels sont les intérêts de ceux qui parlent, quelle est leur profession, quels sont leurs biens, quelles assurances ils peuvent fournir, quelle puissance

sance ils ont, quels amis, quels complices, & enfin quels moyens pour exécuter une entreprise de conséquence.

Quelquefois ces propositions commencent par les gens même qui veulent avoir une ville en leur possession; & pour cela ils doivent commettre des personnes d'esprit & d'expérience, au fait des négociations, lesquelles sourdement & peu à peu, acheminent les choses à leur but.

Mais que l'on n'oublie pas de prendre toutes les précautions nécessaires, & dont je viens de parler : car souvent ceux à qui on s'adresse, n'écoutent que pour embarquer une négociation, tirer de l'argent, & ensuite manquer de parole; ce qu'ils peuvent faire par mille raisons apparentes, & sous mille spécieux prétextes.

Il y a souvent de fausses négociations & de fausses intelligences : quand, par exemple, on fait effort de séduire la

K

fidélité d'un ennemi vaillant & redoutable, & que cependant, pour le perdre, on avertit de cette menée les principaux de son parti. Je désapprouverois tout-à-fait cette maniere de procédé ; il contient je ne sçais quoi de bas & de reprochable. En effet c'est une action à désavouer ; car pourquoi par des promesses excessives séduira t'on la foiblesse d'un homme, pour le trahir & pour le précipiter dans le plus grand de tous les malheurs ? On sçait que peu de gens sont capables de résister à la violence que l'avarice fait sur les plus fermes esprits : ce qui [fit] dire ingénieusement autrefois à la fille d'un illustre Grec, à qui on offroit de l'argent : *Fuyez, mon pere : ces gens vous corrompront, si vous continuez leur donner audience.*

Enfin toutes les surprises se doivent exécuter la nuit, si on veut les faire réussir, comme si c'étoit commettre une espece de larcin que d'en pratiquer aucune.

J'ai là-dessus deux derniers avis à donner.

Le premier, que rarement ces sortes de desseins sont heureux, par les difficultés presque invincibles que l'on a de bien concerter toutes les parties que l'on y fait entrer.

Le second, c'est que l'on doit avoir incessamment dans la pensée, que ceux qui proposent de ces sortes d'intelligences, ont l'esprit de trahison, & que ceux qui les reçoivent sont des traîtres qui en font gloire, & qui s'efforcent de paroître des méchans & des fourbes; & par conséquent il n'y a nulle sûreté à prendre de part & d'autre. En un mot, la bonne foi a lieu rarement dans les commerces criminels.

IX. *Des blocus.*

On attaque souvent les places sans combat, sans trahison & sans intelligence; & pourtant on les prend par une force qui est insurmontable; force plus vive mille fois, & plus à redouter que n'est le foudre des canons, que la fureur des gens de guerre, & que la secrette mauvaise volonté des amis, je veux dire par la faim, quand on environne une ville de toutes parts, qu'on en tient les avenues fermées, que l'on n'en permet ni l'entrée, ni la sortie à personne, & que l'on attend le jour auquel les assiégés réduits à une impitoyable extrêmité, viennent d'eux-mêmes se soumettre aux volontés du victorieux : Plusieurs places ont été attaquées & prises de cette maniere, de quoi l'histoire nous fournit divers exemples. C'est dans ces sortes de sieges qu'il suffit aux assiégeans d'avoir de la patience pour toutes armes, & que l'on peut dire que tout-assaillans qu'ils soient, ils demeurent sur la défensive ; d'autant que le seul soin qu'ils aient à prendre, est d'empêcher que les assiégés ne les forcent dans des sorties, pour éviter la perte de leurs biens & de leur liberté.

X. Du devoir d'un général qui assiege.

Il n'y a point d'expéditions militaires pour lesquelles la prudence & le courage du général d'armée soient plus dans l'exercice & dans l'occupation, que pour les sieges. Ce n'est pas assez qu'il fasse ses fonctions accoutumées, en donnant les ordres généraux, en rendant la justice, & en prévoyant aux choses nécessaires pour la subsistance & la sûreté de son camp; car sans se départir de la moindre de ces applications, il faut qu'il fasse en même temps & incessamment, ce que ses soldats ne font que tour à tour. Il faut qu'il soit présent partout, qu'il soit intendant des travaux, ingénieur & travailleur, qu'il soit porteur de fascines & de sacs de terre, fantassin, sergent, capitaine, maréchal de camp, lieutenant & commissaire d'artillerie, aussi-bien que général; & plus il est de toutes les parties de son armée, plus il est digne d'en être le chef. En effet il en est l'ame, il en est l'œil, & il en est la main ; il y donne seul le mouvement & l'action ; rien ne s'y voit que par lui, & rien ne s'y fait qu'il ne le fasse.

J'oubliois à dire qu'il est du devoir d'un général d'armée qui assiege une ville, de faire sommer d'abord le gouverneur, & de répéter ses sommations en toutes rencontres.

XI. *De la garde des places ; devoir d'un gouverneur de ville, & ce qu'il doit faire quand elle est assiégée.*

Après avoir discouru de la façon d'assiéger & de prendre les places, il est temps de passer aux moyens qu'il faut observer pour s'y garantir des ennemis. Outre les fortifications ordinaires, il est nécessaire que tout soit contre-miné, & que, pendant les sieges, & surtout depuis qu'on voit que le mineur se peut attacher au corps de la place, l'on prête inceſſamment l'oreille pour écouter ſi on ne travaille point ſous les baſtions. On a pour cela les baſſins & autres inſtrumens.

C'eſt dans ces occaſions preſſantes où il faut que les hommes ſe ſervent de toute leur vertu, & de toute leur induſtrie. Les murailles, les tours & les baſtions qui les couvrent ne les défendent pas. C'eſt à eux au contraire à défendre ces grands ouvrages, qui ne leur feroient pas ſeulement inutiles, s'ils n'étoient gens de cœur, mais encore tourneroient à leur honte & à leur déſavantage.

Le gouverneur, ſurtout, doit avoir une merveilleuſe fermeté : il a à ſe défendre de la timidité des habitans qui ſont enfermés avec lui, & tout enſemble de la hardieſſe des aſſiégeans ; car c'eſt une choſe très-certaine qu'ordinairement les bourgeois des villes, qui n'ont aucun intérêt à la querelle des Princes, & qui ne ſe ſoucient guere à quel maître ils seront soumis, voudroient en avoir changé au moment qu'ils se voyent assiégés, pourvû qu'ils fussent assurés de la conservation de leurs privileges, de la continuation de leur commerce, & du libre usage de leurs biens. Ces choses, qui sont les seuls objets de leurs desirs, font la cause de leurs craintes & de leur inquiétude.

Aussi les politiques n'ont-ils jamais manqué de prendre des ôtages des villes, ou d'y envoyer des garnisons, pour en tenir la fidélité plus assurée. C'est en effet une imagination frivole, & contre le bon sens, que de faire aucun fonds sur les affections populaires : le peuple est un animal sans tête, c'est-à-dire, sans discernement, sans vue, incapable de toute impression d'équité, & qui se porte aveuglément & en fureur où le jette le caprice, & où l'entraine le torrent de la multitude. Il fait toutes choses sans sçavoir ni comment il les fait, ni quelle fin il se propose. Mais pour revenir au gouverneur d'une place assiégée, & même de toutes sortes de places de guerre, & pour en faire ici un crayon, & en donner une idée, voyez à peu près quel en doit être le caractere, & quel en est, à mon sens, la plus parfaite image.

Il doit donc être homme d'un cœur intrépide, & qui regarde le péril & la mort d'un visage constant. Il faut qu'il joigne à cette fermeté les ornemens d'une ame élevée & embellie par les soins d'une excellente & libérale éducation ; qu'il soit sçavant dans la religion, éloquent, politique, éclairé des lumieres de l'histoire ; qu'il sçache surtout ce qui concerne la place où il commande, qu'il en connoisse tous les habitans, leurs intérêts & leurs affaires ; qu'il n'en favorise jamais aucun au préjudice d'un autre, en telle sorte qu'il acquerre parmi eux la réputation d'homme juste, & que pour y ajouter le titre d'incorruptible, il ne reçoive jamais aucun présent des particuliers, soit pour les avancer dans les charges publiques de la ville, ou sous quelqu'autre prétexte que ce soit, qu'il ne leur prête point d'argent, de crainte d'être estimé homme pécunieux, & par-là s'attirer leur envie & leur haine. Mais au contraire qu'il tâche de leur en devoir, & qu'en ce cas-là il soit exact à leur rendre au temps porté par ses promesses, ou leur en payer l'intérêt précisément aux termes qui en écherront. Il ne doit jamais entrer dans le détail de leur commerce, ni faire des contrats de société avec eux. Il évitera tout de même de se laisser engager dans aucune passion d'amour pour les femmes & les filles de la ville, auxquelles toutefois il fera des fêtes le plus souvent qu'il pourra, où il sçaura mêler la magnificence à la frugalité. Qu'il ne souffre jamais de contestation entre les gens de la garnison & les bourgeois, avec lesquels il fasse ensorte que ses capitaines vivent comme il fera lui-même : & si quelqu'un d'entr'eux prenoit alliance dans une famille de la ville, qu'il le regarde ensuite comme bourgeois ; car outre l'intérêt du ménage, l'affection conjugale l'y portera tôt ou tard : mais il est de la prudence de notre gouverneur de se conduire en cela avec toute l'adresse possible, afin de ne donner aucun dépit à la bourgeoisie. Il ne doit jamais avoir une extrême familiarité avec les habitans de sa place, & ne doit être en aucun lieux avec eux, qu'il n'y soit le plus fort : qu'il fasse ensorte qu'en l'aimant & en le craignant, ils appréhendent de le perdre, & de sortir hors de son gouvernement. Il doit vivre presque d'une même maniere avec les gens de sa garnison ; les tenir, au reste, dans un continuel exercice de leur métier ; être d'une exactitude inflexible pour la discipline militaire; faire faire tous les jours la garde avec le même soin que s'il y avoit une armée ennemie de cent mille hommes autour de sa place. Dans le temps le plus calme de la paix, il doit songer incessamment que la bonace ne sera pas perpétuelle, & qu'il viendra des orages & des tempêtes qui pourroient faire briser son vaisseau, s'il ne se préparoit de bonne heure pour en soutenir la violence. Les pilotes mettent des ancres dans leurs navires avant que de sortir du port, & ils ont des cordages pour baisser & lever les voiles, suivant que les occasions s'en présenteront, prévoyant sagement que la mer ne sera pas toujours paisible, & qu'infailliblement l'inconstance des vents en troublera quelque jour la douceur & la tranquillité. Ainsi le gouverneur doit avoir un soin continuel de ses munitions, les renouveller quand il en est temps, visiter les magasins qu'il doit fournir de toutes choses, faire lui-même très-souvent le tour de sa place dehors & dedans, entretenir toutes choses en bon état, & ne négliger pas la moindre réparation, voir si les gardes sont bien posées, si les rondes & les patrouilles se font diligemment, si les soldats tiennent leurs armes nettes, & en un mot, vivre dans la place comme un Roi fait dans son état, & un pere de famille dans sa maison. Quand il est assiégé, il doit d'abord donner ordre à ce que toutes les églises soient ouvertes, & que ceux qui ne peuvent pas porter les armes, y soient continuellement au pied des autels, pour y demander le secours & la protection du ciel. C'est delà que descendent les victoires ; c'est delà que le Dieu des batailles fait sentir à ses ennemis la pesanteur de son bras, & qu'il en communique la valeur à ceux qui combattent en son nom. Notre gouverneur doit connoître ce qu'il y a de vivres dans la ville; les ménager dès le premier jour, suivant ce qu'il y aura de bouches; voir ce qu'il y a d'armes & de munitions de guerre; de quels gens il peut faire état pour sa défense; voir tous les postes du dedans, faire regarder à tous les dehors par les officiers principaux de sa garnison; car du moment que l'ennemi est devant une place, le gouverneur n'en doit plus sortir. Ces choses étant ainsi observées, il doit faire reconnoître le camp & les forces des assiégeans; & sur toutes ces diverses connoissances, il jugera combien de temps il pourra tenir. Il est outre cela nécessaire qu'il fasse donner avis de l'état des choses à ceux qui ont la principale autorité dans la conduite des affaires de son parti; que même il leur représente le mal plus grand qu'il ne sera; qu'il leur exagere la nécessité qu'ils ont de conserver la place, qu'il leur demande du secours, & leur facilite les moyens de lui en envoyer. Si quelqu'un de sa garnison est fait prisonnier des ennemis, il faut qu'il leur représente la ville en état de résister longtemps, quelque nécessité qu'il y eût de se rendre bientôt; que le gouverneur tâche de faire tomber ès mains des assiégeans, des lettres par lesquelles il mande à ses amis qu'il ne craint rien; s'il fait quelque prisonnier, qu'il empêche qu'il ne voie rien dans la ville; tout cela, afin que les assiégeans n'aient aucun avis certain au dehors; & d'un autre côté, il doit se mettre en soin pour être informé de ce qui se passe; & ce soin se doit redoubler à mesure que les ennemis s'avanceront vers le corps de sa place. S'il y a plusieurs attaques à soutenir, il faut qu'il en confie la défense à ceux qui, par leur fidelité & leur valeur, en seront les plus dignes, sans faire naître de jalousie entre les prétendans; & même il pourroit y commettre chaque jour un nouvel officier, pour éviter les trahisons. Quand les assauts se donneront, il doit y être en personne, afin d'assurer par sa présence ceux qui seront commandés pour les soutenir. Il est encore étroitement de son devoir de faire soulager les malades & les blessés, & de ne rien épargner pour leur procurer une prompte & facile guérison. Enfin il doit, à la façon de quelques capitaines de l'ancienne Rome (1), se dévouer pour le salut des siens, & pour la conservation de sa ville, & souhaiter d'être seul en butte aux coups des ennemis; demander que tous les malheurs dont son parti est

―――――――――――――

(1) Un seul exemple suffit pour juger de tant d'autres. Porsenna poursuivant les Romains jusques dans Rome, dont il faisoit le siege, s'attacha à forcer un pont dont la prise entraînoit celle de la ville: ce pont n'étoit défendu que par un seul homme, le fameux Horatius Coclès, qui tint assez de temps pour donner celui de rompre le pont derriere lui & de se sauver à la nage en rentrant dans Rome tout couvert de gloire & de blessures. Un jour qu'on lui reprochoit d'être boiteux, il répondit: *Chaque pas que je fais me rappelle le souvenir de mon triomphe.* Quelque grande que paroisse cette action, il y a peu de grenadiers qui n'en fussent capables.

menacé tombent sur lui ; & que comme une victime publique il en expie toutes les fautes. Ainsi il s'attirera l'estime & l'affection de ses soldats, & de tout le peuple, & surtout s'il y ajoute la libéralité.

Un gouverneur doit avoir son chiffre pour écrire, & être convenu de signal avec ceux de son parti.

XII. Des sorties.

Les places, comme je l'ai déja dit, sont fortifiées, non pas pour les rendre imprenables, mais pour retarder les desseins des ennemis, & pour en arrêter les progrès ; de sorte que les assiégés ne doivent rien se promettre au-delà : car il ne faut pas qu'ils s'imaginent que, sans quelque accident imprévu, ils puissent éviter d'être réduits à la nécessité de se soumettre aux assiégeans. Ainsi tout ce qu'ils ont à faire, est de chercher les moyens pour prolonger le siege, & éloigner le temps de leur réduction. Les sorties leur seront très-utiles pour cela, pourvu qu'elles soient fréquentes, promptes, brusques, secretes, & de peu de gens choisis. Il faut que ceux qui auront une sortie à faire, exécutent précisément ce qui leur sera enjoint, comme de ruiner un travail, de rompre une batterie, d'enclouer du canon, & qu'après cela ils se retirent, sans s'amuser à pousser plus loin leur avantage.

Le gouverneur seroit fort heureux, s'il faisoit passer quelqu'un des siens jusques au parc de l'artillerie des ennemis, & si, par quelque artifice, il faisoit mettre le feu aux poudres. Cette pensée est grande, & l'exécution en est très-difficile. On a souvent demandé s'il étoit expédient de faire des sorties; chacun a raisonné selon son esprit, & selon son sens. Il n'est pas besoin d'une longue dispute : il faut que le gouverneur d'une ville assiégée se regle en cela par la force de sa garnison, par la résolution qu'elle lui fera paroître, & par les conjonctures qui naîtront de moment en moment.

XIII. *Des secours ; comment on peut secourir une ville.*

Une ville considérable étant assiégée, il est de la prudence & de l'honneur de ceux à qui elle appartient, de la secourir, & d'y jetter des gens pour la défendre, avec des munitions pour y subsister ; ce qu'il est à propos de faire secrétement, & à la faveur de la nuit. Un gouverneur de place ne doit jamais recevoir de gens de guerre, sous prétexte même de lui apporter du secours, qu'ils ne conduisent quelques vivres avec eux ; parce que la quantité de monde lui consommeroit bientôt ce qu'il en auroit, si ce n'est qu'il en fût si abondamment pourvu, qu'il n'eût aucune appréhension d'en avoir de nécessité.

Il se présente ici une chose digne

d'une réflexion particuliere ; c'est qu'un gouverneur ne doit jamais admettre de troupes dans sa place, qu'il ne soit très-certain que ce ne sont point des troupes ennemies : car il peut arriver que des lettres d'amis étant tombées au pouvoir des assiégeans, ils se déguiseroient & surprendroient la ville en se servant du signal dont on seroit convenu, duquel ils auroient été instruits par les paquets interceptés ; & un capitaine qui assiege une ville, doit, s'il est possible, pénétrer dans ces sortes de secrets, pour s'en aider quand il en aura l'occasion. Bertrand du Guesclin, après avoir gagné la bataille de Chisay, surprit Niort, en y envoyant des troupes que ceux de la ville crurent être de la garnison (1).

On ne donne pas seulement du secours à une ville assiégée en y jettant des hommes & des munitions, mais encore en contraignant les assiégeans

(1) Voyez la note de la page 177.

d'abandonner leur entreprise. Ce qui se fait, soit lorsqu'on les attaque dans leurs lignes, & qu'on les y force comme à Arras, soit lorsqu'en se rendant maître de la campagne d'alentour, on les empêche d'aller au fourrage, & de faire entrer des vivres dans leur camp. Il y a un troisieme moyen, qui n'est pas à la vérité de secourir une ville assiégée, mais de faire ensorte que les ennemis ne s'en puissent prévaloir; c'est que quelquefois, après qu'une place est rendue, les assiégeans sont obligés de retirer leur armée avant que d'en avoir reparé les fortifications; & ainsi le succès en devient inutile. De quoi, ce qui se passa devant Aire doit servir d'exemple (1): quand M. le Maréchal de la Meilleraye, la ville ayant été remise entre ses mains, trouva à propos de faire retraite sans pouvoir combattre,

(1) Les Espagnols pour prendre, en 1641, la ville d'Aire qu'ils venoient de perdre, se servoient de nos lignes que nous n'avions pas eu la précaution de combler.

parce que les Espagnols n'en vouloient pas venir aux mains. C'est une maxime à considérer, qu'il est meilleur d'attendre la fin d'un siege pour charger une armée, que de se presser; parce que pendant le cours du siege elle s'affoiblit par la résistance des assiégés, & que du côté de la campagne on peut l'incommoder en rendant le fourrage & les convois difficiles, & en y donnant des allarmes continuelles.

XIV. Ce que les assiégeans doivent faire pour empêcher le secours.

Le soin d'un général qui assiege doit être également partagé aux efforts qu'il fera contre la ville, & à empêcher que les ennemis n'y jettent aucun secours. Il lui sera facile de repousser les troupes qui seront commandées pour s'y jetter, si elles ne sont composées que d'un petit nombre d'hommes; car il suffira de bien poster ses gardes, & de bien tenir sûrement fermées toutes les avenues de son camp ; & même on peut laisser entrer ces petites troupes dans le camp, & ensuite les envelopper & les défaire. Mais c'est une autre chose, si quelque grande armée se présente pour ce secours ; car en ce cas-là les assiégeans n'ont que deux partis à se proposer, & à choisir celui qu'ils croiront le plus avantageux au bien de leurs affaires. Le premier est d'attendre leurs ennemis dans les lignes, comme César devant Alise attendit les Gaulois dans les siennes (1) : & pour cela il s'y faut être préparé à loisir, à l'exemple de cet illustre capitaine, le plus grand & plus parfait de tous ceux dont l'histoire ait conservé le souvenir :

L'autre parti est de sortir des lignes, & de se présenter en bataille (2).

(1) La relation de ce siège à jamais mémorable, peut être lue avec la plus grande attention : on y trouvera tout ce que l'art & la valeur ont fait de plus grand. Elle est admirablement bien écrite dans les commentaires de César. *Guerre des Gaules, L. VII.*
(2) Le système d'aujourd'hui est qu'on ne doit plus

L'un & l'autre de ces deux partis ont des raisons capables de faire balancer les résolutions; car d'attendre l'événement dans son camp, & que les ennemis viennent à l'attaque, on peut tomber en deux inconvéniens très-fâcheux; sçavoir, ou que les lignes soient forcées (ce qui arrive ordinairement), ou que l'on y soit assiégé; d'où l'on ne sçauroit emporter aucun avantage signalé contre les ennemis, d'autant que tout ce que l'on peut faire de mieux est de se bien défendre, & de le repousser.

Si au contraire les assiégeans se résolvent à sortir de leurs lignes, & à venir en rase campagne présenter la bataille, ils levent le siege, & leurs ennemis pourront alors prendre leur temps de jetter dans la place autant de gens & de provisions qu'ils le voudront, & après cette exécution, qui

attendre l'ennemi derriere des lignes; il n'en est pas qui tiennent contre la valeur du soldat François.

seroit

feroit tout leur deffein, ils fe retireront fans rien hafarder.

Je n'ai rien à réfoudre fur ces difficultés : tantôt il eft bon de demeurer dans les lignes, tantôt il eft bon d'en fortir; & c'eft dans ces rencontres importantes qu'un grand capitaine doit faire agir fon jugement & fa valeur, & fe déterminer fur l'occafion & la conjonéture des affaires, fur fes forces, & fur celles qui lui font oppofées.

Je dirai néanmoins qu'ordinairement le meilleur eft de fortir des lignes pour marcher au devant de l'ennemi, & que le plus fouvent c'eft-là le parti le plus fûr, & tout enfemble le plus glorieux qu'on puiffe prendre, à condition toutefois que l'on ne leve point le fiege, & que l'on batte ou que l'on chaffe l'ennemi.

Quand, après qu'une ville eft prife, une armée fraîche vient contre les affiégeans, il faut fortir fans marchander, foit pour le combat, foit pour fe

L

retirer; & au cas que la retraite soit résolue, il faut, le plus diligemment qu'on le pourra, miner tous les bastions, & les faire sauter; afin, pour le moins, que ne pouvant garder cette place, les ennemis ne s'en puissent jamais servir, sans la fortifier de nouveau. (1).

Mais, ainsi que je l'ai dit ci-devant, il n'y a point de place imprenable; & d'autant que le moment arrive à la fin auquel les assiégés sont contraints de se rendre, & de faire leur capitulation, il faut, pour en régler les conditions, observer en quel état sera le siege.

XV. *Des capitulations.*

(2) Tamerlan qui fut un conquérant fameux, & dont les conquêtes ont été d'une égale étendue à celle de Bacchus,

---

(1) Cet avis donné il y a plus de cent ans, a valu dans la guerre de 1741. Il n'a cependant lieu qu'à l'égard des places frontières des ennemis.
(2) L'histoire de cet Empereur des Tartares qui vivoit en 1415, a été donné au public en 1722, 4 vol. in 12. Elle est fort intéressante.

de Cyrus ou d'Alexandre, avoit accoutumé, quand il se présentoit en armes devant une ville, de faire mettre sur son pavillon un étendard blanc : le lendemain il en faisoit mettre un rouge, & le troisieme jour un noir. Il vouloit faire entendre par-là que le premier jour il étoit en disposition de pardonner aux assiégés ; que le second, il en puniroit quelques-uns pour leur retardement à lui obéir ; mais que le troisieme étant passé, ils ne trouveroient auprès de lui ni compassion, ni miséricorde. Cet illustre infidèle portoit sa sévérité trop loin, n'y ayant aucune raison d'exiger d'un gouverneur la reddition de sa place avant qu'il ait montré son courage par quelque action de vigueur ; & il lui seroit même honteux de se soumettre à la premiere vue des ennemis. De maniere qu'il est de la générosité & de la gloire de celui qui attaque, d'honorer de louange & d'estime les efforts que les assiégés font pour leur juste défense, quand ils sont dans une ville bien fortifiée; c'est-à-dire, tant qu'ils ne font rien par une haine trop animée, & par une opiniâtreté téméraire.

Mais leur place étant foible, ou hors d'état, & que sans qu'il y ait aucune apparence de salut pour eux, ils osent refuser obéissance à une grande armée, & arrêter le cours de ses progrès, il est des loix de la guerre de ne leur accorder aucune grace, & même on a droit de les faire mourir. C'est une maxime constante, & qui est dans un plein & entier usage, laquelle par conséquent sert de preuve solide, que les articles d'une capitulation doivent être moins favorables aux assiégés, à proportion qu'ils sont plus prêts d'être forcés quand on est attaché au corps de leur ville, & qu'il y a une mine chargée & prête à jouer : il seroit raisonnable que tous se rendissent à discrétion, d'autant qu'ils ne sçauroient plus tenir; & à plus forte raison s'il y avoit une bréche, & que les assiégeans y eussent fait un logement dont ils ne pussent être chassés. On en use toutefois avec plus de douceur; car les loix du christianisme, dont la modération a tempéré ce qu'il y avoit de barbare & de cruel dans la guerre, ordonnent secrétement aux vainqueurs de ne point abuser de leur victoire, & de laisser tomber les armes de leur main en même temps que leurs ennemis se soumettent, & qu'ils sont désarmés. Ainsi on voit rarement que les gens se rendent à discrétion, outre que cette maniere de se rendre n'est guere plus désavantageuse à des assiégés pour l'effet, que le seroit une reddition avec des articles très-honorables, parce qu'ils reçoivent toujours un honnête traitement.

XVI. *Des villes prises de force; du pillage.*

Il arrive très-souvent que dans les assauts la valeur des assiégeans va plus loin que l'on ne l'a prévu, & que les assiégés sont emportés de force. Alors la ville tombe dans le malheur le plus épouvantable qu'elle ait pu appréhender. Tout s'y regle par l'aveugle fureur des armes, & il n'est pas quelquefois au pouvoir des chefs de sauver les choses les plus saintes, de l'avarice & de l'insolence du soldat, qui s'attache indifféremment où il croit pouvoir faire quelque profit. Il est pourtant de la prudence d'un général d'y apporter toute l'autorité de son caractere, & d'y employer toute la sévérité de la discipline; car outre les sentimens de pitié qui le doivent émouvoir, c'est que tout se perd, sans que l'armée en tire avantage; & si elle en reçoit aucun, elle en est ruinée, se relâchant de l'obfervance des loix de leur profeffion. Ainfi avant que l'on aille à l'affaut, un général prévoyant peut faire refaire un ban, qui défende fur peine de la vie à qui que ce foit, de rien piller, & qui rende coupable de crime capital tout homme de fon armée, qui fera trouvé faifi d'aucun meuble de la ville, s'il ne lui eft venu par le partage qui en auroit été fait, ou s'il ne l'a acheté de quelqu'un de fes compagnons, auquel il feroit échu par cette diftribution; & afin que cette ordonnance ait plus d'effet, il faudra déclarer tous les biens, meubles & immeubles appartenans aux bourgeois & foldats de la ville, qui feront fur le point d'être forcés, acquis aux troupes, fuivant le partage qui leur en feroit fait, en cas qu'elle fût emportée; & la ville étant forcée, leur partager de bonne foi tous les biens, leur donner même en mariage des filles de la ville; comme nous voyons dans Homere que cela fe pratiquoit entre les capitaines Grecs. Ce seroit un moyen de faire tous les soldats riches, de faire des colonies sans donner sujet de plainte, & enfin de deux peuples en faire un seul. Les Romains en usoient ainsi pour les dépouilles des ennemis : leurs Dieux en avoient une partie, la république une autre, le général de leurs armées une troisieme, & les soldats avoient le reste. Et cette façon équitable de distribuer le butin, a été une des principales causes de la grandeur de Rome ; car ces sages maîtres de l'univers sçurent par-là mêler en faveur des gens de service, l'honneur aux richesses, & les louanges aux récompenses.

XVII. *De la réparation d'une ville prise.*

De quelque maniere qu'une ville ait été réduite, il faut que celui qui l'a reçue à son obéissance la pourvoie d'un sage & vaillant gouverneur, & d'une garnison suffisante pour la gouverner.

Il doit toutefois prendre garde à ne pas affoiblir trop son armée, & il est obligé de penser à tout ce qui concerne la guerre qu'il a entreprise avant que d'établir une garnison. Les Romains commandoient aux bourgeois des villes qu'ils conquéroient, de leur donner des ôtages, & par ce moyen les contraignoient à se défendre eux-mêmes contre leurs anciens amis, qui étoient les ennemis de Rome. Il faut, outre cela, que le conquérant donne ordre de réparer les fortifications ruinées par le siege ; surtout qu'il caresse les habitans, qu'il leur donne espérance qu'ils seront heureux sous la domination où ils sont nouvellement engagés ; qu'enfin il leur ôte le souvenir de leur premier état, & qu'il leur donne sujet de croire qu'ils seront plus heureux après leur réduction qu'ils ne l'étoient auparavant ; qu'ils seront entretenus dans leurs anciennes coutumes, & que leurs privileges seront augmentés, bien loin de souffrir aucune diminution.

XVIII. *Quand on doit lever les sieges.*

Les entreprises que l'on fait pour les sieges ne réussissent pas toujours, & quelquefois il y a des raisons invincibles de s'en départir, & de lever le siege. Quand cette nécessité vient de l'imprudence du général d'armée, ou qu'il y est forcé par la présence des ennemis, il en reçoit de la honte, & en est justement blâmé : mais quand cette même nécessité vient d'une cause supérieure, ou, pour mieux dire, de la main de Dieu, comme de maladies incurables, qui font périr les soldats, ou d'un temps si fâcheux, soit par les chaleurs, soit par les pluies, que l'on ne puisse rien avancer, & que cependant l'arriere saison approche, qui engageroit l'armée à des marches difficiles, & qui rendroit une retraite impossible, ce général est simplement à plaindre comme un homme malheureux; mais il se doit soumettre à ces accidens, & s'y conduire avec le plus de précaution qu'il pourra. Si les ennemis sont en campagne, il faut qu'il leur cache son dessein, qu'il leur en dérobe l'exécution, & en un mot, qu'il prenne ses mesures si justes, que ni les assiégés, ni les armées de la campagne n'y puissent apporter aucun empêchement, ni aucun dommage aux troupes lorsqu'elles délogeront. Ce qui est d'autant plus nécessaire, que ces délogemens ne se font presque jamais sans désordre, ni sans précipitation.

CHAPITRE VII.

I. *De la guerre de mer.* II. *Des sieges des villes maritimes.*

I. *De la guerre de mer.*

QUELQUE connoissance que nous ayons des anciennes guerres maritimes faites par les Perses, les Grecs, les peuples insulaires de la mer Méditerranée, les Siciliens, que je dois compter entre ceux de la nation Grecque, les Carthaginois & les Romains, nous ne pouvons presque en tirer aucune regle pour celles que l'on fait de notre temps: notre usage est tout différent de la pratique de l'antiquité, & l'invention de l'artillerie a rendu inutiles toutes les machines dont on se servoit autrefois; à peine même pourroit-on former des préceptes sur ce que nos ancêtres ont fait, quand on ne prendroit les choses que longtemps depuis que l'on se sert du canon. Enfin les maximes en sont toutes nouvelles; car il est certain que la mer n'est pas plus sujette aux mutations des vents, que le sont les manieres dont les combats s'y exercent. La grandeur des vaisseaux, les especes d'armemens, les équipages & les brûlots changent presque toutes les années, & rarement dans les mêmes combats se sert-on de la même méthode; car tantôt on trouve à propos de venir à l'abordage, tantôt il le faut éviter, de crainte des brûlots, ou d'essuyer de trop près les bordées du canon ennemi.

La guerre de mer est, dit-on, d'une extrême dépense, & on n'en reçoit ordinairement qu'une très-petite utilité. C'est en effet un étrange embarras, lorsqu'il faut faire passer la mer à une grande armée : elle est presque hors d'état de servir quand elle prend terre; la fatigue que les soldats ont eue dans les navires les rend incapables d'agir, jusqu'à ce que la terre les ait remis dans leur état naturel. Mais d'un autre côté, il est vrai que quantité d'actions célebres se font faites sur la mer: l'expédition des Argonautes est toute maritime (1); les Grecs y acheverent la défaite de Xerxès; Auguste s'y assura de l'empire de l'univers; & Rome, en un mot, n'auroit jamais été reconnue dans l'Afrique, dans l'Asie, dans la Grece & ailleurs, si l'on y avoit toujours négligé de prendre soin des affaires maritimes. Au reste, les grands coups du commerce se font par le moyen des flottes & des vaisseaux; & enfin un grand état, dont la puissance ne s'étend pas sur la mer, n'a qu'une autorité imparfaite, & c'est en ce sens-là que l'Oracle autrefois répondit aux Lacédémoniens, qu'ils prissent garde

(1) L'expédition des Argonautes est celle dont étoit chef Jason, & qui avoit avec lui Hercule, Thésée, Castor, Orphée, &c. Ils allerent à Colchos, & y conquirent la Toison d'or. Le nom d'Argonautes vient de celui d'Argo, que portoit le vaisseau qu'ils montoient.

à ne pas avoir un empire défectueux & mutilé.

Il y a un art de ranger une armée sur la mer, comme il y en a un pour la plaine campagne ; l'ordonnance en peut être en croissant, qui est la façon la plus ordinaire : on la peut diviser par escadres, avoir des gens de réserve, tout de même que dans les armées de terre ; & il la faut disposer toujours ensorte que les vaisseaux se puissent donner réciproquement du secours. Chaque commandant suit les ordres de l'amiral, soit immédiatement, soit par la voie des vice-amiraux. Le plus grand avantage que l'on se puisse procurer en cette sorte de guerre, est celui de bien prendre le vent : à propos de quoi je dirai en passant, que les capitaines de mer doivent avoir une entiere croyance à leurs pilotes (1).

(1) Il seroit encore mieux que les officiers de Marine fussent aussi instruits dans la navigation, que le sont ordinairement les pilotes. La connoissance du pilotage est pour eux quelque chose de si nécessaire,

Enée, dans Virgile, n'arracha point le timon de son vaisseau de la main de Palinurus; & les consuls M. Emilius, & Servius Fulvius, firent périr par le naufrage 294 vaisseaux de la flotte Romaine, pour s'être mis à la mer contre l'avis des experts mariniers (1). La flotte qui demeure la derniere sur le champ de bataille, est réputée pour victorieuse sans contestation. Il est de la prudence de l'amiral de sçavoir séparer les navires ennemis, & de tenir les siens ensemble; de bien poursuivre les fuyards, & de s'être préparé des lieux de retraite & de sûreté, en cas qu'il fût contraint d'en chercher.

Quelquefois sur la mer Méditerranée, les galeres ont à combattre de grands vaisseaux : si le temps est calme, les navires ont du pire, à cause des rames; mais s'il y a du vent, les

qu'il n'y en a point aujourd'hui qui n'en ait fait une étude particuliere.

(1) Ce fut l'an 498 de Rome, après que les Romains eurent pris ou coulé à fond, sur les côtes de Sicile, cent trente-quatre vaisseaux Carthaginois.

ou Traité de la Guerre. 257

galeres ne leur peuvent apporter de désavantage, & courent grands risques d'être prises.

Les flottes, surtout, sont excellentes pour faire des diversions, & donner jalousie aux ennemis.

Je ne parle point ici des naufrages, ni de ce qu'il faut faire dans les tempêtes, non plus que de toute la façon de naviger : cela regarde l'art de la navigation, qui mériteroit un traité séparé ; sur quoi on a écrit plusieurs fois (1).

II. *Des sieges des villes maritimes.*

On se sert souvent des armées navales pour les sieges des places maritimes. Nous avons dans l'antiquité les exemples du siege de Troye, de Tyr, de Syracuse & de Carthage ; & de nos jours nous avons ceux d'Ostende, de la Rochelle & de Dunkerque.

(1) On trouvera chez Jombert, rue Dauphine, les principaux livres qui concernent cet art.

Les Anciens se servoient de leurs va[is]-
seaux pour planter des échelles, qu[i s']é-
levoient par des poulies attachées [au]
haut des mâts : mais le canon a ru[iné]
toutes ces sortes de machines, au[ssi]
bien que les beliers, & les forces m[ou]-
vantes d'Archimede. Ainsi tout ce q[ue]
fait ordinairement une flotte en mat[iè]-
re de sieges, c'est d'empêcher que [les]
vivres & le secours n'entrent par [mer]
dans les places assiégées, & de les r[ui]-
ner à coups de canon, en cas que [l'on]
puisse en approcher à la portée ; à q[uoi]
on ne s'expose pas, parce que l'ar[tille]-
rie de la place mettroit tous les nav[ires]
en poudre ; de sorte que l'on ne [peut]
faire de plus grands efforts avec [une]
armée de mer, si ce n'est que la [for]-
tune fasse naître des occasions ex[traor]-
dinaires & imprévues, comme [des]
surprises & des intelligences (1). [Les]

(1) L'auteur auroit pu dire aussi que les fl[ottes sont]
d'une grande utilité aux places assiégées, par les [secours]
de toute espece qu'elles peuvent continuelle[ment leur]
fournir.

dis point ici que quelquefois on est obligé de faire des digues dans des sieges de places maritimes, soit pour y arriver, comme il fut fait à Tyr par Alexandre (1) ; soit pour fermer tout le commerce de l'eau, comme le feu Roi, d'incomparable mémoire, fit à la Rochelle (2).

Je pourrois entrer dans le détail des équipages, & dans celui de la construction des bâtimens, & de leurs parties ; de radoubemens de vaisseaux, du canon, des armes, des munitions, des vivres, des manœuvres, des chefs, des soldats, & de la discipline.

Je pourrois encore parler des embarquemens, des partances, de la maniere de marcher, du droit de la mer, des conseils, des prises, des jugemens, des entrées dans les ports, & en un

(1) Le siege de Tyr par Alexandre est un des plus mémorables de l'antiquité. Voyez Quinte-Curce, l. IV.
(2) La fameuse digue de la Rochelle fut la cause de la prise de cette ville en 1628. On en voit la description dans l'excellent ouvrage du Maréchal de Puysegur, intitulé l'Art de la Guerre.

mot, de toute l'économie des guer[res]
maritimes : mais outre que je crai[ns]
de m'engager dans un traité trop e[n]-
nuyeux, c'est qu'il y a des maxim[es]
générales, dont j'ai discouru à l'éga[rd]
des armées de terre, qui se peuv[ent]
appliquer à celles de la mer, & qu['il]
faut que chaque capitaine se regle p[ar]
la grandeur de son navire, & par [la]
longueur & la qualité du voyage qu['il]
entreprend.

Enfin il faut ici se souvenir de ce[tte]
maxime universelle, que l'espéran[ce]
de la gloire & du profit, engage l[es]
hommes aux grandes entreprises, [&]
les rend intrépides dans les plus pér[il]-
leuses occasions. Ainsi quand un é[tat]
voudra songer avec effet à se fortifi[er]
sur la mer, il doit trouver des moye[ns]
de procurer des honneurs & des r[é]-
compenses à ceux qui s'y appliq[ue]-
ront. Les Romains accorderent à [C.]
Druisius, après avoir vaincu les [Car]-
thaginois par une bataille nava[le]

(1) le triomphe de la mer, de faire porter devant lui des flambeaux, & d'être précédé par des joueurs d'instrumens. Ils honorerent aussi de couronnes navales (2) ceux qui avoient bien combattu sur la mer, & par-là y attirerent des gens de toutes sortes de conditions; ce qui ensuite produisit de fameux exploits, & des triomphes maritimes.

(1) Le *Triomphe* de la mer se faisoit ainsi : après le combat, lorsque l'on avoit pris des vaisseaux ennemis, on attachoit leurs pavillons à leurs haubans, & on les faisoit passer en *Triomphe* depuis l'avant d'une flote jusqu'à l'arriere.
(2) Il y avoit deux espèces de *Couronnes navales*; l'une nommée *Simple*, & l'autre *Rostrale*: la premiere se donnoit aux soldats qui avoient les premiers sauté à l'abordage; la seconde étoit destinée aux généraux qui avoient remporté sur mer de très-grandes victoires; celle-ci étoit ornée de figures de proues de vaisseaux.

CHAPITRE VIII.

Des guerres civiles.

I. *Comment il les faut prévenir.* II. *Comment il les faut dissiper.*

I. *Comment il les faut prévenir.*

ENCORE que je sçache bien que ce ne soit que par un abus général qu'on a donné le nom de guerre aux dissensions qui naissent dans un état entre les concitoyens, je ne laisserai pas de traiter sommairement ici de ces agitations domestiques & intérieures, afin de suivre l'ordre & la partition de ceux qui ont écrit de la guerre, & que l'on ne m'accuse pas d'avoir voulu paroître trop singulier en cette matiere. En effet, ces especes de guerre ne sont que des révoltes, & d'injustes déreglemens qui se font toujours contre la majesté publique des loix, où il se trouve un mêlange continuel d'insolence, d'avarice, d'envie, de débauche & d'ambition, qui sont les pestes dont le poison infecte toutes les différentes manieres de gouvernemens.

Il appartiendroit mieux à un politique d'écrire de ces sortes de mouvemens, qu'à un philosophe militaire; & toutefois j'en dirai quelque chose, par la raison, qu'encore que l'art de réprimer les révoltes soit confus dans la science civile, qu'il en fasse une des parties essentielles & principales, & que ces sortes de guerre doivent être mises dans le genre des séditions, comme je l'ai dit, néanmoins, si on cesse d'en regarder la source & le principe, & même jusques à certains mouvemens, il est constant que la guerre civile est véritablement une guerre.

L'histoire nous en donne des exemples dans tous les temps, & en tous les états : en Perse, du jeune Cyrus contre Artaxerxès ; en Macédoine, des successeurs d'Alexandre, qui fut une défection universelle des capitaines contre sa veuve & son fils; en Sicile, contre les peuples & leurs tyrans; à Rome, entre les principaux sujets & le Roi Tarquin, entre le peuple & les Patriciens; entre Coriolan exilé, & le peuple, entre Marius & Sylla, Catilina & le sénat, César & Pompée, Auguste & Antoine, Galba & Néron, & successivement entre tant d'autres prétendans à l'empire: en Pologne, la défection des Cosaques est une guerre civile perpétuelle; en Angleterre, entre la Rose rouge & la Rose blanche, les sujets & leur Roi; en Hollande, par l'union qui s'y est faite contre le Roi catholique: l'église même a eu ses schismes; l'Italie ses guelphes & ses gibelins; en Espagne, entre Dom Pedro le cruel, & Henri de Transmare; en France, nous en avons eu plusieurs reprises; des successeurs de Clovis, entr'eux; entre Frédégonde & Brunehaud;

ou Traité de la Guerre. 265

Brunehaud ; Louis le Débonnaire & ses fils ; Louis le Gros, & les Seigneurs François ; Philippe le Velu, comte de Boulogne, & la Reine Blanche, mere de S. Louis : entre les maisons de Bourgogne & d'Orleans, Charles, Dauphin & Isabeau de Baviere, sa mere : la guerre du bien public, sous Louis XI, & de notre temps les guerres de la religion, la ligue, les ponts de Cé, & la fronde. Enfin si je voulois faire un dénombrement de toutes les guerres civiles qui se sont faites parmi les Juifs, en Grece, en Egypte, en Afrique, en Tartarie, dans la Chine, en un mot, par toute la terre, des guerres serviles, des changemens, & des ruines d'états, il faudroit faire l'histoire de tous les siecles, & de toutes les nations du monde ; tant il est vrai que la légéreté & l'inconstance est naturelle aux hommes, & que la vicissitude & l'instabilité des affaires est reconnue dans toute l'étendue de l'univers. Il n'y a jamais eu de guerre civile où l'injustice & le mêlange de l'ambition & des autres maux dont j'ai parlé ci-devant, ne se soit fait ressentir.

Les capitaines doivent tenir presque la même conduite dans les guerres civiles, qu'ils font dans les guerres ordinaires & légitimes; soit qu'il s'agisse de la campagne, soit qu'il s'agisse d'assiéger des places; je dis presque d'autant qu'ils doivent conserver très soigneusement le plat-pays, afin de maintenir les peuples dans les intérêts de leur parti : outre que jamais l'obéissance n'est si grande dans les guerres civiles que dans les autres, & que les défections y sont plus fréquentes & plus à craindre.

II. Comment il les faut dissiper.

Mais il est de la sagesse des Rois dans les monarchies, & des magistrats dans les républiques, de prévenir dangereux mouvemens. Tout le secret pour cela est de s'attirer la direction générale & particuliere des affaires, & de ne souffrir jamais qu'aucun sujet, ni aucun corps de ville, société ou communauté, s'éleve au-delà de ses anciennes bornes, sous quelque prétexte que ce soit. Ce fut pour cette considération que l'Ostracisme fut très-judicieusement introduit dans Athenes, & le Patalisme à Syracuse (1). Il faut enfin que l'autorité publique s'oppose incessamment & sans relâche aux innovations, sans permettre, non pas

---

(1) L'Ostracisme & le Patalisme étoient à peu près la même loi : elle bannissoit pour dix ans ceux dont l'autorité, les richesses & le mérite étoient si grands, qu'il étoit à craindre qu'il n'en résultât quelque inconvénient pour la liberté publique : il arrivoit souvent que l'envie & l'inquiétude l'emportoient sur la reconnoissance & sur l'équité.

Ces loix différencioient entre elles en ce qu'à Athenes l'Ostracisme y étoit utilement établi : on n'y pouvoit bannir qu'un seul & grand personnage à la fois, & cela n'arrivoit que tous les cinq ans, encore falloit-il que six mille citoyens eussent écrit sur une coquille le nom de celui qu'ils vouloient qu'on bannît : au contraire à Syracuse les principaux de la république se bannissoient, par la seule crainte qu'ils avoient les uns des autres ; il suffisoit de mettre une feuille de figuier dans la main de celui qu'on vouloit renvoyer. Cette loi avoit lieu dans Argos. *Arist. repub. l. V. ch. III.*

même pour la moindre chose, que qui que ce soit s'attribue & s'arroge aucune ampliation de droits, d'immunités, ou de privileges, ni que l'on brigue l'affection des peuples, que l'on s'impatronise dans les charges, les bénéfices, les gouvernemens, c'est-à-dire, que l'on en fasse comme des héritages aux familles; que l'on se veuille acquérir une estime extraordinaire, & surtout il est expédient d'empêcher, que personne ne s'enrichisse outre mesure; car par cette sévérité exacte & continue, on fera que tout le monde demeurera dans son devoir, qu'il y aura de l'égalité entre les sujets avec la disparité nécessaire au bien des états. Ainsi on garantira les particuliers des vices d'ambition, d'envie, d'avarice, d'injustice & de débauche; ainsi tous seront gens de bien; ils ne feront aucune entreprise, ils seront heureux, & aimeront le gouvernement; en un mot, tout sera dans une parfaite intelligence, il n'y aura jamais de sédition, jamais de remuemens, & jamais de guerres civiles.

Que si nonobstant il arrive qu'en trompant la prudence des Rois & des magistrats, quelqu'un mette des troupes rébelles en campagne, & qu'il faille combattre un désordre présent, il faut agir selon le tempérament des peuples que l'on a à gouverner, aussibien que selon la qualité du désordre; & en cela imiter le docte médecin, qui se regle par la constitution de son malade, & par la nature de la maladie dont il entreprend de le guérir. Les Espagnols ne pardonnent jamais le crime d'avoir pris les armes contre l'état : les François au contraire, le pardonnent toujours, quand les coupables implorent la clémence du Prince; & nous voyons peu d'exemples dans notre histoire, qui montrent qu'un rébelle repentant ait été puni du dernier supplice, surtout s'il y a eu un parti formé. Les Espagnols ont leurs raisons: mais si leur conduite semble propre pour empêcher les révoltes, elle les rend irremédiables, & ôte toute confiance aux esprits; lesquels par conséquent ne sont plus capables de retour, ni de repentir. Les François, d'un autre côté, ont leur politique en pardonnant; & si leurs maximes sont moins utiles pour empêcher ces espèces de guerre, elles sont infaillibles pour les éteindre. Parmi nous, une amnistie ramene sûrement les gens à leur devoir; & un homme qui, par promptitude & par un [dépit] légérement conçu, s'est imprudemment engagé dans un mauvais parti, est bien aise de trouver un honnête expédient pour s'en retirer, sans mettre en péril sa vie & sa fortune; & à mon sens, la conduite Françoise est en cela plus sage que n'est celle des Espagnols. Enfin il y a un moyen général pour dissiper les ligues, & rompre

pre les confédérations des révoltés, lesquels se seroient mis en armes; c'est de négocier incessamment avec les principaux d'entr'eux, leur donner au-delà de ce qu'ils pourroient souhaiter; & ces chefs, quoiqu'ils écoutent simplement les propositions qui leur seront faites (comme ils le font font toujours), perdront la croyance de leurs troupes, auront jalousie les uns des autres; & ainsi ne pouvant plus agir de concert ensemble, peu à peu tous leurs desseins & leurs vaines espérances s'en iront en fumée.

CHAPITRE IX.

De la Discipline.

I. *Des loix de la guerre.* II. *De la justice civile.* III. *Des crimes & de la punition.* IV. *De la solde.* V. *Des récompenses.* VI. *Des conseils, du secret & des espions.* VII. *Des alliés.*

I. *Des loix de la guerre.*

Je ferois ici une répétition importune, si je redisois pour la seconde fois ce que j'ai dit ci-devant de la discipline qui regarde le commandement & l'obéissance. Ainsi je me contenterai de dire, que la guerre a ses loix tout de même que la paix a les siennes, & que le tumulte des armes ne doit point étouffer la voix de la justice, qui toujours se fait entendre, & se fait obéir par la force & la vigueur de ses dispositions. Celles qui se sont faites pour la guerre, sont écrites & non écrites; elles concernent ou les choses civiles, ou les choses criminelles.

II. *De la justice civile.*

Les civiles sont de faire la police sur les vivres, obliger les soldats de se ranger dans leurs quartiers aux heures prescrites, les faire vivre dans la regle, leur faire tenir leurs huttes & leurs tentes nettes, les employer à quelques ouvrages, de crainte qu'ils ne tombent dans l'oisiveté, empêcher qu'ils ne fassent trop de bruit, qu'ils n'aient des femmes de mauvaise vie avec eux, les faire soigneusement traiter dans leurs blessures, avoir soin que le pain leur soit distribué sans manquer, & qu'ils aient de bons habits; faire marcher sûrement les bagages, rendre la justice entre tous les gens de l'armée, en ce qui pourroit être de leurs différends civils; écouter les plaintes des soldats, & leur en faire raison, donner des passeports, & expédier des congés. On ne peut rien faire de plus utile pour le bien d'une armée, que de prendre le soin des vivres : mais ce n'est pas assez de trouver les moyens d'en faire venir dans les camps, & de les en fournir en abondance, il est encore nécessaire de les y faire bien ménager, & d'en empêcher une trop grande & inutile consommation.

La sagesse des Romains, qui partout est à suivre, quoiqu'elle soit plutôt admirable que facile à imiter, nous donne là-dessus des exemples immortels (1) : on ne peut rien alléguer de si grand, ni de si beau sur cette matiere, que la parcimonie de Scipion,

(1) Polybe, l. VI, ch. VII, parle des châtimens qu'on infligeoit aux soldats Romains, & de leurs récompenses. Aucun officier ne peut se dispenser d'étudier les *Institutions Militaires* de Vegece. Il y en a une traduction par M. de Sigrais, qui certainement fait honneur à l'original. Il vient de paroître aussi un excellent *Traité de la Milice des Grecs*, par M. Bouchaud, qui nous apprend la maniere dont ils se gouvernoient dans leurs armées : l'un & l'autre de ces livres renferment les premiers principes de la science militaire, & doivent être lus avec attention par tous ceux qui se destinent à la profession des armes.

qui ne se contenta pas de vivre dans son camp des mêmes viandes dont vivoient ses soldats; il défendit encore la somptuosité des tables & des repas à toutes les personnes de qualité de son armée; il voulut même que tout le monde mangeât debout, & il chassa les cuisiniers & autres gens, dont le métier étoit d'entretenir la délicatesse & la profusion. Caton, à l'exemple des Carthaginois, interdisoit le vin à ses troupes dans les temps où il y avoit quelque chose à entreprendre; car il sçavoit bien que l'excès que l'on en fait trouble l'esprit de ceux qui en boivent, & les rend plus capables de sédition & de désobéissance: ainsi il ne permettoit pas que ses gens en fissent un trop fréquent usage. C'est par une semblable raison qu'Aristote, dans son économique, ne veut pas que l'on en donne aux esclaves. Metellus ne permettoit pas que l'on vendît rien de cuit à ses soldats; & Pessenins, répondit aux siens qui lui demandoient du vin en Egypte : *Hé quoi! mes camarades, vous avez le Nil: son eau ne suffit-elle pas pour vous garantir contre la soif?* Enfin s'il falloit apporter les différens exemples qu'Adrian, Caracalla, Alexandre Severe, Carus, Julian, & tant d'autres Empereurs nous ont laissés, du soin qu'ils ont pris d'étouffer le luxe & la délicatesse dans leurs armées, & si je voulois faire ici le portrait de tous les grands Princes qui se sont contentés de pain cuit sous les cendres, de lard, de fromage, & de vinaigre, je serois contraint de faire un gros volume au lieu d'un simple Traité. La sobriété des Lacédémoniens est surtout digne d'une louange éternelle; & que Pausanias, victorieux des Perses à la bataille de Platée, eut bonne grace de se moquer de la superfluité des festins de Mardonnius, leur général, qui venoit d'y perdre la vie! Les Turcs, les Perses

& les Tartares, vivent aujourd'hui dans les armées, avec une merveilleuse frugalité : ils y boivent du lait de jument, & un peu de ris, & quelques viandes grossieres les nourrissent. Après tout, ceux qui par un bon ménage sçavent ôter de l'usage des richesses, ce qu'il y a de pernicieux, sont seuls dignes d'en avoir la possession : on en peut aimer ce qu'elles ont de nécessaire & de légitime ; mais il en faut haïr ce qu'elles contiennent de vicieux & de déréglé.

III. *Des crimes, & de la punition.*

Les crimes des gens de guerre sont l'impiété & les blasphêmes, le sacrilege, le viol, l'incendie, la trahison, la désobéissance en fait important, & le murmure & l'insolence, la fuite dans les occasions, l'abandonnement du drapeau, le pillage, le larcin (qui sont deux crimes différens), le duel, le meurtre, la défection quand ils se sont transfuges, & la désertion qu'ils commettent, en quittant sans en avoir eu la permission.

Tous ces crimes sont parmi nous punissables du dernier supplice : la connoissance & le jugement en appartient aux capitaines qui, ayant instruit le procès d'un criminel, le jugent dans le conseil de guerre. Un général a le droit de vie & de mort. Les Locriens autrefois, par le conseil de Charondas, leur législateur, ne punissoient pas de mort les soldats qui avoient pris la fuite, mais ils les contraignoient de porter une quenouille au lieu d'une épée, avec des habits de femmes; & en paroissant ainsi vêtus, garder une marque perpétuelle de leur honte & de leur peu de cœur.

Jamais il n'y a eu de milice réglée, sans qu'il n'y ait eu des peines prescrites pour réprimer les crimes, & pour ôter aux jeunes gens le desir & l'audace de faillir. De combien de différentes peines les Romains, entre les autres peuples de la terre, ont-ils puni les fautes de leurs soldats ? Ils les ont même châtiés pour les mensonges ; ils les ont chargés d'ignominie, en les forçant de s'habiller en femmes, à l'exemple de ceux de Locres ; ils les ont privés de leur solde ; ils les ont fait assommer à coups de bâton ; ils les ont fait percer de coups d'épée ; ils les ont fait battre de verges jusques à la mort ; ils leur ont coupé les veines ; ils les ont lapidés à la façon des Egyptiens, des Juifs & des Macédoniens ; ils les ont décimés ; surtout le crime de désertion leur a été un objet de haine & de vengeance, en telle sorte que les biens de ceux qui mouroient dans la désertion étoient confisqués au public ; en un mot, ils ont été ingénieux à trouver divers moyens pour leur faire appréhender de sortir des bornes les plus étroites de leur devoir.

IV. *De la solde.*

Il est vrai que l'horreur des supplices, & l'image cruelle des tourmens, retient les hommes, & leur donne la crainte de mal-faire : mais pour les exciter à la gloire, il faut ajouter le salaire dû à leur valeur, & la récompense qu'ils méritent par leurs illustres actions.

Dans les premiers temps, depuis la naissance de Rome, les citoyens ont défendu leur patrie à leurs dépens ; ils recevoient pourtant de quoi se nourrir : on leur donnoit des habits, & ils avoient part au butin qu'ils faisoient sur les ennemis, comme à l'honneur de les avoir surmontés.

Il y avoit près de trois cens ans que Rome étoit fondée, avant qu'on y eût parlé de donner aucun salaire fixe à ses enfans ; comme si tous eussent été persuadés qu'à cette mere glorieuse & féconde ils devoient tous leurs soins,

& qu'ils ne devoient pas épargner, pour sa gloire & pour son repos, la vie qu'ils avoient reçue dans son sein. Mais comme toutes choses se changent avec le temps, il arriva trois cens ans après la fondation de cette ville, Reine de l'univers, que l'on y établit un fonds pour la solde des légions, laquelle consistoit en argent, en grains & en habits.

Auguste, & quelques Empereurs après lui, augmenterent ce fonds, à mesure que les soldats augmenterent les revenus & la réputation de l'Empire Romain; bien loin qu'il y eût de la honte de recevoir cette solde publique, qui étoit le prix inestimable de la vertu, il y en avoit à n'en pas faire un bon usage; jusques-là que ceux qui vendoient les grains de leur solde, en étoient punis, & quelquefois deshonorés. Galba défendit que personne ne prêtât aucun secours à un soldat, qui avoit vendu les grains qu'il avoit reçus pour sa solde : ainsi ce misérable mourut honteusement de faim. Il étoit facile aux Romains de donner à leurs soldats cette maniere de récompense; car ils tiroient des laboureurs la dixieme partie de leur récolte. Les gens de guerre avoient du froment pour eux, & de l'orge pour leurs chevaux; & quand un soldat avoit failli, on ne lui donnoit que de l'orge comme à une bête. Il arrivoit souvent dans les nécessités pressantes, qu'on donnoit des légumes & du sel aux soldats au lieu de grains : ce qu'ils recevoient avec déplaisir, parce que ces changemens leur étoient toujours d'un mauvais & sinistre augure. Enfin Rome prenoit un tel soin de la nourriture de ses soldats, qu'il y avoit des officiers destinés à cela ; ce que les Turcs imitent aujourd'hui.

Les soldats Romains n'étoient pas tous sur un même pied pour la paie, laquelle au contraire étoit proportion-

ou Traité de la Guerre. 283

née à leur dignité & à leur mérite, & aux services qu'ils avoient rendus. Les gens de pied des troupes amies avoient autant que les gens de pied des légions : mais la cavalerie Romaine recevoit la moitié davantage que celle des alliés (1).

On suit à peu près aujourd'hui l'ordre que suivoient les Anciens ; étant certain que l'on donne en ces temps-ci aux soldats, de l'argent & du pain, selon leurs charges & leur caractere.

V. *Des récompenses.*

Mais la libéralité publique de Rome ne s'est pas contenté de leur payer la solde ordinaire ; on a fait des présens aux troupes victorieuses ; on leur a distribué les terres des vaincus ; on leur a fait largesse ; on les a honorés

---

(1) Les cavaliers Romains étant choisis entre ceux qui avoient le plus de valeur, de naissance & de fortune ; il étoit juste qu'ils eussent un traitement distingué.

de charges, de gouvernemens, de couronnes, d'anneaux, & d'autres ornemens. Le capitaine Romain diſtribuoit publiquement les récompenſes à ceux qui en étoient dignes. Exemple que les généraux d'armée doivent ſuivre en toute rencontre; d'autant plus que la louange qu'un ſoldat reçoit en public, fait naître de la jalouſie & de l'émulation dans l'eſprit de leurs compagnons, qui s'efforcent enſuite, & n'oublient rien pour acquérir de ſemblables avantages : auſſi une récompenſe s'augmente-t'elle par l'éclat dont elle eſt accompagnée; & ſans doute qu'il a été plus glorieux au feu maréchal de la Meilleraye, d'être honoré par le Roi du bâton de maréchal de France, à la vue de toute l'armée conquérante, & ſur la breche de la ville de Heſdin, laquelle il venoit de ſoumettre à ſon maître, qu'il ne lui auroit été de le recevoir ſécrétement dans le cabinet. Au reſte, un général ne peut rien faire ni de plus agréable à ses troupes, ni de plus avantageux pour sa réputation. Quelle splendeur est demeurée au nom du grand Belisaire (1), pour avoir soulagé les soldats par de l'argent, & marqué leurs bons services par des récompenses honorables ? Je dis honorables, parce que ces récompenses n'étoient pas toujours pécuniaires chez les Romains : ils donnoient des couronnes, des bracelets, & des étendards de différentes manieres, & de différentes couleurs ; & ceux qui avoient remporté quelques dépouilles de leurs ennemis, avoient la permission de les attacher aux portes de leurs maisons, comme fit Regulus : Pompée y mit les proues des vaisseaux qu'il avoit pris sur les corsaires de Cilicie. D'autres triomphateurs ont imité ces beaux & fameux exemples. Nos ancêtres, les vieux Gaulois, y atta-

---

(1) Belisaire, général Romain, l'un des plus grands capitaines du sixieme siecle.

choient la main & la tête de ceux qu'ils avoient tués à la guerre; comme nous voyons encore que par une image de cette ancienne coutume, nous attachons à nos portes la tête & les pieds des bêtes que nous avons tuées à la chasse.

VI. *Des conseils, du secret, & des espions.*

En vain un général d'armée sera-t'il vaillant & expérimenté; en vain sera-t'il suivi de troupes aguerries, s'il n'est homme d'esprit, s'il ne se donne le temps de délibérer de ses affaires & de ses desseins, & s'il ne fait un choix judicieux de gens capables de lui donner de bons avis, de fortifier ses lumieres, & de lui faire connoître les fautes dans lesquelles il se pourroit engager, s'il n'en étoit détourné. Il a autant besoin de sa raison, qu'il a besoin de son cœur; & son jugement lui sert plus souvent que ne fait son épée.

Il y a des conseils de deux manieres différentes ; car ils sont ou directs ou obliques : les directs, dont je prétends parler en ce lieu, sont quand on résout de faire ouvertement quelque expédition militaire : les obliques, dont j'ai parlé suffisamment ci-dessus, regardent les entreprises cachées, & où il faut user de finesse & de stratagême. Je remarquerai en passant que tous les conseils de guerre doivent participer en même temps des conseils directs, & des conseils obliques, c'est-à-dire, qu'il est très-à-propos que dans les exécutions que l'on fait ouvertement il y ait un peu de ruse, afin qu'en toutes les occasions, quelque chose se faisant contre l'attente des ennemis, ils en soient surpris & étonnés ; & que d'un autre côté, quand on agit par les voies de la ruse, il y ait toujours quelque marque de la force ouverte ; car enfin, c'est une maxime constante dans le métier de la guerre, qu'il faut perpétuellement joindre les armes à la sagesse, l'habileté à la valeur; &, comme on dit, la peau du renard à celle du lion.

Un général d'armée ne doit pas chercher ses conseils dans sa tête seulement, sans puiser ailleurs ses résolutions : il faut encore qu'il consulte le sentiment de ses amis, & des principaux officiers qui servent auprès de lui; car ses officiers ayant eu part aux délibérations, feront plus fortement d'intelligence & de concert, pour l'exécution des choses qu'ils auront arrêtées, auront plus d'affection pour le succès, prendront infailliblement plus de soin pour les faire réussir; & enfin les affaires étant ainsi bien méditées, en iront beaucoup mieux. Je sçais bien, & je l'ai répété plusieurs fois dans cet ouvrage, que le meilleur conseil que l'on puisse prendre, est celui que l'on forme dans les occasions & sur le champ; parce qu'il est constant
que

que les choses présentes donnent plus de mouvement aux hommes, que les hommes n'en donnent aux choses.

Il y a ici une réflexion à faire, c'est que les conseils seroient inutiles, si le secret n'y étoit gardé; & même ils pourroient être préjudiciables à ceux qui en seroient les auteurs, si l'on en avoit quelque connoissance; de façon qu'il est nécessaire de les tenir cachés sous un silence impénétrable à la curiosité, & à la libéralité profuse des gens du parti contraire, & joindre ainsi la peau de renard à celle de lion, comme je viens de le dire. Ce n'est pas assez d'empêcher que l'on ne révele les résolutions qui ont été prises dans les conseils; il faut outre cela faire souvent courir de faux bruits, pour tenir continuellement le monde en allarme & en incertitude. Il est bon que les entreprises soient aussitôt exécutées qu'elles seront connues.

Mais comme un général d'armée

est obligé à ne parler jamais de ses projets, & à faire ensorte que ceux avec lesquels il les examine & les agite, demeurent dans la même observance du secret, il doit par quelque voie que ce soit, être instruit du dessein de ceux qui lui font la guerre, & qu'ils ne fassent pas la moindre démarche sans qu'il sçache où ils tendent, & où ils aspirent : il faut pour cela qu'il ait des pensionnaires, qu'il envoie des espions, auxquels il donne tout ce qu'ils lui demanderont ; & au contraire, s'il en découvre quelqu'un parmi ses troupes de la part de ses ennemis, il faut qu'il les fasse punir sévérement, & sans remission ; tout de même qu'il feroit châtier un homme des siens, qui auroit été convaincu de le trahir, & de donner des avis à son préjudice.

VII. Des alliés.

Les Princes ne font pas toujours la guerre par leurs propres forces : ils y emploient souvent les armes de leurs voisins, & celles de leurs alliés, soit qu'ils veuillent en priver leurs adversaires, & les empêcher de s'en aider, soit qu'ils veuillent épargner le sang de leurs propres sujets.

Il y a plusieurs sortes d'alliés, les uns sont honorés du titre de compagnons d'armes, comme les Romains appelloient *socios* les peuples d'Italie: d'autres sont amis, qui étant égaux en puissance, vont par bienveillance & par générosité au secours d'un pays oppressé d'ennemis, sans tirer de paiement que de leur maître. C'est sur ce pied-là que les François ont été en Hongrie secourir l'Empereur, & qu'ils y ont délivré les chrétiens de la terreur des armées Turquesques (1).

(1) En 1669 six mille François, sous les ordres du comte de Coligni, joignirent en Hongrie l'armée de l'Empereur, commandée par Montecuculi. Il y eut le premier août un grand combat à S. Gothard entre cette armée & celle des Turcs : les François y firent des prodiges de valeur ; & toute l'habileté de Kiuporli ne put empêcher la déroute de son armée.

La troisième sorte d'alliés est de ceux qui se mettent au service des étrangers, après qu'il a été accordé une permission publique de lever des troupes dans un état. Ainsi nous avons vu que les Vénitiens ont fait des levées en France, & y ont délivré des commissions. Il y a une quatrieme espece d'alliés, c'est de ceux qui ayant des troupes prêtes, les engagent au service d'un Prince, & à sa solde pour un temps, lequel étant expiré, ils se retirent. C'est une pratique ordinaire en Allemagne & en Suede.

La cinquieme espece est de ceux qu'un Prince emploie dans le pays de l'ennemi ; comme si les Suédois, ou ceux de Brandebourg entroient en armes sur les terres de l'Empereur, contre qui la France auroit guerre.

La sixieme espece est, quand un Prince, par grandeur & par magnanimité, soutient un état plus foible que le sien ; ce qui est proprement protéger, comme quand le Roi a protégé les Hollandois, le Dannemarck, quelques Princes d'Allemagne & d'Italie.

La septieme & derniere espece, est de ceux qui sont continuellement à la paie d'un grand état, comme les Suisses sont au service de la France, & quelques-uns au service de l'Espagne (1).

Un état ne doit jamais souffrir qu'un grand Prince lui envoye un secours trop puissant, sous couleur de le secourir dans son pays; car souvent ce puissant secours dément le maître. La politique des Romains a été d'envoyer de grandes forces à leurs alliés; & par ce moyen ils ont peu à peu étendu leurs conquêtes où nous sçavons qu'ils les ont portées. Les alliés, qu'un Prince embarrassé dans ses affaires appelle pour le secourir, lui font quelquefois des propositions fâcheuses, & en se

---

(1) Il y a aussi des Suisses au service de Naples, de la Hollande & de Genes.

servant de l'occasion ils le contraignent à des conditions dures & pesantes : ils veulent des places de sûreté, & ils exigent des cautions pour le paiement de l'argent qui leur sera dû ; ce ne sont pas-là de véritables alliés, ce sont des mercénaires, qui pour de l'argent trafiquent honteusement leur sang & leur vie. Mais parce qu'il faut que celui qui en a besoin, subisse la loi qui lui est imposée par la nécessité, il doit songer à traiter avec ses amis faux & intéressés, au meilleur compte qu'il se pourra ; & au même temps qu'il aura remis ses affaires, ou que la paix sera faite, il est de sa prudence de les remercier civilement, & de les faire conduire incessamment hors des terres de sa domination.

Un Prince qui veut secourir son allié, ne le peut pas toujours faire aisément ; & souvent il se présente des obstacles qui sont pour lui presque invincibles; comme sont ceux que l'éloignement fait naître, & quand il se trouve un état entre deux qui refuse le passage sur ses terres, ou qui ne veut pas donner des sûretés pour la facilité du retour; en ce cas-là il faut s'ouvrir le passage par la force des armes, ou par celle de l'argent.

On peut assister ses alliés, en leur donnant des troupes entretenues, que l'on joint à leurs armées, ou bien qu'on emploie à faire des diversions dans le pays de leurs ennemis, ou en leur permettant de faire des levées d'hommes à leurs dépens, ou en leur fournissant des munitions & des vivres, ou en leur prêtant de l'argent, & même leur en donnant pour soutenir les frais de la guerre, ou bien en négociant pour eux, & procurant leur accommodement.

Il faut avoir des alliés voisins, & en avoir d'éloignés; car les uns & les autres peuvent également apporter de l'utilité dans les occasions. L'alliance des monarchies est préférable à l'amitié des républiques ; parce que celles-ci agissent avec trop de lenteur, que leur prudence est timide, qu'elles cherchent trop de précaution avant que de s'engager, que les conseils n'en sont jamais secrets, que toujours il y a sourdement de l'envie & de l'intérêt qui en troublent le gouvernement, & que rarement il se trouve que tous ceux qui ont l'autorité des affaires, aient une même affection & un même sentiment ; de sorte que les choses reçoivent de moment en moment quelque nouvelle difficulté. Dans les monarchies au contraire, tout se réglant par la conduite & par la volonté d'un seul homme, ni son affection, ni son intérêt n'est jamais partagé ; de façon que tout s'y fait avec plus de promptitude & plus d'autorité que dans les républiques ; outre qu'un Prince qui voit qu'il est de son honneur particulier, comme de son avantage, de protéger ses alliés, ne balance point d'exécuter ses traités d'alliance; au lieu que l'esprit des républiques n'a pour principe de tous ses mouvemens que l'utilité, qu'on y préfere en toute occasion à ce qui tiendroit plus de la gloire, & qui pourroit le plus donner de réputation à l'état.

Enfin quand un Prince appelle ses alliés à son secours, qu'il se donne bien garde de mêler des troupes auxiliaires aux siennes, sans être convenu de leur rang, & du lieu où elles combattront; car autrement il pourroit arriver de la contestation entre les uns & les autres, & même une division ouverte & déclarée; ce qui est, comme on le peut aisément juger, d'une extrême conséquence. Nous voyons dans l'histoire, pendant la premiere guerre Punique, qu'une semblable querelle excitée entre les légions des Romains & leurs alliés, donna moyen aux Carthaginois de leur tuer quatre mille hommes.

CHAPITRE X.

I. *S'il est à propos qu'un Roi fasse la guerre.* II. *En quoi consiste le courage.*

I. *S'il est à propos qu'un Roi fasse la guerre.*

Les politiques n'ont point de champ plus vaste, & n'ouvrent point de carriere d'une plus longue étendue, que quand ils se proposent d'agiter cette grande & fameuse question. En effet, tant de raisons fortes & puissantes militent d'un & d'autre côté, qu'il est presque impossible de rien déterminer; en telle sorte que l'esprit également combattu par les deux partis, est dans une perpétuelle incertitude, & ne sçauroit se déclarer, d'autant que partout il se trouve vaincu & persuadé.

Il semble donc d'abord qu'un Roi ne doit jamais sortir du centre de ses états, & que delà il doit, par une effusion continuelle de sa sagesse & de son autorité, animer toutes les parties qui le composent ; comme on sçait que l'ame réside principalement dans la tête, d'où elle communique la vie au cœur qui la reçoit le premier, & qui ensuite, par le moyen des esprits qu'il produit incessamment, & du sang qu'il purifie, distribue cette vie à toutes les autres parties des corps organiques.

A cette raison, qui semble n'être que de convenance, on ajoute que la présence d'un grand Roi soutient sa puissance dans son Royaume, & dissipe les conjurations des mécontens : ce qui entretient le bonheur parmi ses peuples, & conserve l'harmonie qui est nécessaire entre ceux qui commandent, & ceux qui obéissent; que l'expérience dans tous les siecles a prouvé la solidité de cette maxime, & que les Rois qui ont demeuré dans leur cabinet, ont exécuté de plus grandes choses, que n'ont pas fait ceux qui poussés d'ambition, & du desir insatiable d'acquérir, ont couru toutes les régions de l'univers, & ont vainement pénétré jusques au fond des solitudes les plus affreuses, pour chercher à se faire quelques nouveaux ennemis; que Charles V & Louis XI en France ont mis à fin de plus excellentes entreprises, en demeurant dans leurs Palais, que ne firent Louis le Jeune & Philippe Auguste en passant les mers (1), & en portant leurs armes dans l'Afrique; que nous nous ressentons encore du mal qui a été causé à la France par la prison de S. Louis; celle des Rois Jean & de François I (2); que ce sont

(1) C'étoit pour les expéditions qu'on a appellé croisades: on en compte jusqu'à six.
(2) S. Louis fut fait prisonnier à Massoure en Egypte,

là des blessures à l'état, lesquelles n'ont pu pleinement se fermer pendant la suite de tant d'années; qu'enfin l'histoire offre des exemples chez tous les peuples, pour montrer qu'il est expédient qu'un Roi s'arrête chez lui; que son principal & premier devoir est de bien régner sur ceux dont la providence éternelle lui a donné le gouvernement; & que bien loin d'être sur la terre pour y faire des conquêtes audelà des limites de son pays, il doit employer son esprit, pour y entretenir toutes les choses dans l'ordre que Dieu leur a prescrit : qu'au reste la fureur des armes efface peu à peu de l'ame des Rois ces caracteres augustes & précieux; &, pour parler avec Platon, ces traits d'or que le doigt de

---

avec ses deux freres Alphonse & Charles, son armée étant réduite par la famine.

Le Roi Jean ayant perdu la bataille de Poitiers en 1356, fut pris & conduit en Angleterre.

François I en 1525, faisant le siege de Pavie, fut attaqué par les Espagnols qui gagnerent la bataille, & le firent prisonnier.

Dieu mêle toujours au moment de leur création, & ils ne peuvent s'empêcher à la fin d'avoir soif du sang qu'ils s'accoutument à répandre.

Mais on dit au contraire, qu'un Roi n'est jamais grand ni illustre, qu'il n'ait porté ses armes chez les étrangers, pour leur en faire reconnoître la force, & leur faire sentir la douceur & l'équité de ses commandemens; qu'il lui est honteux de se contenir dans les bornes de sa première condition, & qu'il ne doit point différer de marcher où il est appellé par la gloire qui accompagne les belles actions; que comme les personnes ordinaires acquiérent de la politesse dans les armées, un Roi même s'y rend plus honnête homme; que son cœur en devient plus humain, parce que son ame en devient plus pure & plus élevée, & qu'il y trouve sans cesse des sujets où appliquer sa magnanimité; que c'est-là seulement où sa vertu occupée a lieu de difputer contre la fortune. Il ne fçauroit montrer ailleurs, que ni les heureux événemens, ni les mauvais fuccès de fes entreprifes, ne peuvent émouvoir fa conftance, ni ébranler fa fermeté ; que cette vertu dans le calme dangereux du cabinet, demeure inutile & s'éteint infenfiblement par une oifiveté languiffante ; que cependant la volupté & le vice s'emparant de fon efprit, & féduifant fon jugement, lui font regarder fes amufemens comme des emplois héroïques. En effet un Roi qui eft comme gifant en fon palais, ne peut plus connoître de vertu effective & véritable ; & fes flatteurs qui le corrompent en l'excufant, l'entretiennent dans fon mal, & le font imperceptiblement tomber jufques au fond du précipice, d'où il n'y a jamais de retour. Quel malheur pour fes états, & à quel point un royaume reffent-il les défauts de fon fouverain ! Neron, dont les premieres années ont été si admirables & si éclatantes, que la honte du reste de sa vie n'en a pu ternir le lustre & la réputation, se perdit par son repos, & accablé d'une grandeur démesurée sans occupation, il deshonora l'empire & la nature même par ses débauches & par sa cruauté.

Si quelques Rois ont mal réussi dans les affaires de la guerre, on ne doit imputer leur malheur qu'à leur imprudence; car ne sçait-on pas que chacun est l'ouvrier de son propre destin? Et si nous examinions tous les sinistres accidens qui nous arrivent, nous en trouverions la cause en nous-mêmes : elle vient de notre méchante conduite & de notre impétuosité; tout de même que notre bonheur nous vient le plus souvent de notre sagesse & de notre modération. Si un homme, dit-on, regardoit incessamment à ses pieds, ou s'il marchoit doucement, il ne tomberoit jamais; &

s'il n'y regardoit jamais, ou s'il couroit avec précipitation, il tomberoit inceſſamment. Quand un grand Roi entend faire le récit des exploits de Cyrus ou d'Alexandre, ou de quelque autre conquérant, peut-il ne pas ſentir une ſecrette émulation qui le force de ſe mettre en campagne, & de les imiter? Enfin quand la vieille philoſophie, dans la fable dont elle ſe ſervoit autrefois pour enſeigner les hommes, nous raconte que Jupiter combattit en perſonne contre les Titans, elle a voulu nous faire entendre qu'il falloit qu'un Roi allât à la guerre.

De ſorte qu'il n'y a pas, ce me ſemble, à douter, & qu'il eſt à propos qu'un Roi ſe trouve en perſonne dans ſes armées, s'il aſpire à une eſtime extraordinaire. Il a ſujet de s'aſſurer que ſon attente ne ſera point trompée, que la poſtérité couronnera ſes actions d'une louange immortelle, & que les ſiecles qui le ſuivront, ne feront pas moins pour lui que l'antiquité a fait pour ses héros, quand elle les a honorés de triomphes, de statues, d'apothéoses, de jeux, de fêtes, de temples & de sacrifices.

Mais un Roi qui va à la guerre, doit avoir perpétuellement dans l'esprit, qu'étant l'ame & la force de son armée, il est nécessaire qu'il se ménage, afin de la soutenir en toutes occasions : aussi n'est-il pas de sa dignité d'exposer inconsidérément sa personne aux hazards des armes : il doit penser que sa conservation est d'une conséquence infinie, & que la perte de sa personne ne pourroit se réparer. Je dis qu'un Roi est obligé de se ménager, sans prétendre toutefois qu'il le fasse avec une retenue qui pût faire naître contre lui le moindre soupçon de foiblesse & de timidité; mais je veux qu'il considere que de son salut dépend celui de toutes ses troupes; & qu'ainsi il se réserve tout entier aux plus grandes aventures ; comme je loue Alexandre (1) de ce qu'il fit à la bataille d'Arbelles, & dans toutes les autres rencontres importantes de son illustre vie. Je le blâme de sa témérité, & la hardiesse indiscrete avec laquelle il combattit contre les Oxidraques ; & de fait, s'il eût été tué, ou pris par ces barbares, que seroient devenus ses Macédoniens ? Ne se seroient-ils pas dès-lors trouvés engagés aux maux que depuis ils éprouverent après sa mort, quand ses principaux capitaines perdirent la mémoire de ce maître admirable, avec l'obéissance & la fidélité qu'ils devoient à son fils, déchirerent son empire &

---

(1) Alexandre à la bataille d'Arbelles, voyant que la victoire tardoit trop à se déclarer, se mit à la tête de ses troupes, & défit les Perses.

Un jour qu'il faisoit les approches de la ville des Oxidraques, le devin Démophoon vint lui dire qu'il eût à quitter cette entreprise, parce qu'il étoit menacé d'y perdre la vie. Alexandre fit planter les échelles, & y monta le premier : étant ensuite entré seul dans la ville, il combattit longtemps contre les assiégés, & y reçut plusieurs blessures très-dangereuses. Quinte-Curce, l. IX.

dissipèrent ses glorieuses conquêtes ?

Quand un Roi est présent à une bataille, il est de sa prudence de ne se pas jetter trop avant, & sans nécessité dans la mêlée : mais il peut faire habiller quelqu'un d'un habit pareil au sien, afin que ses troupes soient persuadées qu'elles ont l'honneur de l'avoir à leur tête ; cette croyance en fortifiera le courage, leur fera faire des efforts extraordinaires : il n'y a aucun soldat qui, combattant à la vue de son Prince, n'emploie toute sa valeur, & qu'animé du desir de la gloire, & de l'espérance d'être libéralement récompensé, il ne se présente avec joie aux plus grands & plus redoutables périls. Enfin le Roi qui se sera servi de cette feinte, viendra à reparoître au moment décisif de tout le combat. L'Empereur Severe usa de cette ruse autrefois contre Albinus, son compétiteur à l'Empire (1); ce que

---

(1) Cette bataille se donna près de Lyon en 197.

Jean le Conquérant, duc de Bourgogne, imita contre Charles de Blois à la bataille d'Avenes. Ce stratagême réussit & à l'un & à l'autre ; car Severe par ce moyen fut victorieux, & s'assura le trône des Césars ; & le duc Jean en cette heureuse journée, termina la querelle qui avoit duré si long-temps entre la maison de Penthievre & la sienne.

Un Roi qui donne bataille, peut outre cela faire ce que fit Edouard III à Crécy, contre Philippe de Valois. Il se posta sur un lieu éminent avec un grand corps de réserve ; & ayant observé que la victoire inclinoit de son côté, il vint fondre sur les François, & acheva de remporter un plein & entier avantage (1).

(1) L'auteur se trompe. Edouard ne descendit de la colline qu'après avoir fait allumer des feux, & après avoir reconnu que les François avoient abandonné le champ de bataille ; les troupes qu'il avoit avec lui ne combattirent même pas, & la nuit empêcha qu'on ne poursuivît les fuyards : aussi y eut-il très-peu de prisonniers. Philippe ne perdit cette bataille de Crécy que parce que ses troupes le forcerent en quelque sorte à

Un Roi qui fait la guerre en personne, se souviendra, après qu'il aura lancé le foudre, de laisser agir sa clémence & sa bénignité : il ne combat que pour la gloire ; il ne met l'épée à la main que pour la conquête des cœurs, & ne renverse les trônes que pour les mieux affermir : le fruit le plus excellent de ses victoires, est le bruit qu'en fait la Renommée ; & le plaisir de donner ou de rendre ce qu'il a soumis à ses armes, est le plus digne objet de sa valeur & de son occupation. Un grand Roi est au monde, pour répandre ses bienfaits généralement sur tous les hommes qui réclament sa magnificence & sa bonté. C'est par-là seulement qu'il s'en peut faire admirer, qu'il attache à sa personne sacrée leurs vœux, leur amour, & leur obéissance : aussi sa grandeur, & la majesté royale ne se font-elles vérita-

la donner ; & qu'étant fatiguées d'une longue marche, & dans un très-grand désordre, elles s'obstinèrent à vouloir combattre.

blement reconnoître qu'en ne refusant rien; & comme le propre de Dieu est de tout posséder, & de tout départir, ce doit être celui des Rois. Quelle secrette satisfaction ces Dieux de la terre ne ressentent-ils pas, quand ils se considerent tellement au dessus de la fortune, qu'ils sont les maîtres de ses biens & de ses faveurs, & qu'elle ne peut rien que par leur choix & par leur commandement? Le plus beau présent que les créatures puissent recevoir de Dieu même, est certes le pouvoir de faire du bien ; d'autant plus que ceux à qui cette grace est accordée, montrent en même temps qu'ils ont dans le fonds de leur ame la volonté de le faire, c'est-à-dire, le principe essentiel de la vertu. Les souverains, par un privilege singulier, possédent mieux les biens qu'ils donnent, que ceux qu'ils retiennent; & la libéralité qui cause la ruine & le malheur de tous les autres hommes, les enrichit & les rend heureux. En un mot, comme j'ai dit ailleurs, un Roi étant dans son royaume ce que l'ame est dans le corps qu'elle soutient & qu'elle anime, n'a que la vertu pour son partage : c'est-là tout ce qui peut faire son bien ; le reste n'est en ses mains que pour les gens qui le servent, & qui sont les instrumens de sa puissance & de son autorité. Qui pourroit soutenir qu'Alexandre n'a pas fait paroître plus de grandeur en rendant le royaume des Indes à Porus, qu'il n'a fait en dépouillant Darius de toute la Perse ? & que les Romains n'aient acquis plus de réputation quand ils ont donné des couronnes, que quand ils en ont usurpé ? Ce n'est pas qu'un Roi ne puisse avec honneur & avec justice, retenir les états qu'il a conquis par une guerre légitime & bien fondée ; ce que j'ai ci-devant remarqué (1).

(1) Les conquêtes, quelques grandes qu'elles soient,

ou Traité de la Guerre. 313

Mais de la même maniere qu'il est glorieux à un Prince de rendre ou de donner les biens qu'il auroit justement pris sur ses ennemis, il lui seroit honteux de souffrir qu'ils possédassent quelque chose de sa couronne : car la magnanimité, qui est une des vertus héroïques, oblige également un Roi à ne pas usurper sans raison les terres des autres Princes, & à ne pas permettre qu'aucune partie de son royaume en demeure séparée.

Enfin le devoir d'un grand Roi est d'abaisser l'orgueil des Princes superbes, & des tyrans; d'affranchir les peuples de leur violence; de protéger les plus foibles contre les plus puissans; d'entretenir par ses forces l'équitable justice dans les autres états, comme parmi ses propres sujets; & ainsi de faire sentir à tout l'univers les efforts

ne dédommagent presque jamais des dépenses qu'elles ont occasionnées ; il est donc de la justice des Rois, envers leurs propres états, de conserver leurs conquêtes.

O

de ses armes par la félicité qu'il y aura répandue: c'est vouloir qu'un Roi aille détruisant les monstres, à la façon d'Hercules; & comme les chevaliers des temps passés qui combattoient pour l'honneur de leurs maîtresses, vouloir qu'il combatte pour la gloire & pour la vertu, qui doivent être les objets de sa passion, de ses soins & de ses empressemens.

II. *En quoi consiste le courage.*

Ce que je viens de dire montre non seulement quel est le vrai caractere de la valeur & de la générosité d'un grand Prince; mais encore en quoi consiste le courage de tous les braves gens; & sans user de redites, il suffit d'ajouter ici qu'il ne consiste pas dans un mépris insensé de la vie, qui doit être précieuse à tous les hommes qui, par une inclination commune à ce qu'il y a de créatures sur la terre, se portent à chercher les moyens de se la conferver, & ne penfent à la perdre qu'avec frémiffement; la mort, au dire du philofophe, étant ce qu'il y a de plus terrible dans la nature, comme étant la diffolution & la ruine de fes ouvrages : ce n'eft donc pas abfolument à méprifer la vie, & à ne point appréhender la mort que confifte le courage; mais à ne confidérer rien quand il s'agit de maintenir la vertu & l'équité, de défendre fa propre gloire, de repouffer un traitement injurieux, & de garder fidélement fa parole.

CHAPITRE XI.

I. *De la paix.* II. *Comment on doit conferver un pays conquis.* III. *Conclufion de tout l'ouvrage.*

I. *De la paix.*

Après avoir parlé de ce qui regarde les chofes de la guerre, il eft raifonnable d'entrer dans celles qui regardent la paix, qui eſt la cauſe finale de la priſe des armes, & qui par le deſir que ſa beauté fait naître pour ſa poſſeſſion, apporte tant de haine & d'inimitié entre ceux qui la recherchent, & qui pourtant ne peuvent en jouir ſans la poſſéder tout enſemble. C'eſt pour cette beauté charmante que l'on a fait ces longues & vaſtes ſolitudes entre les plus grands empires : mais pour ſe faire un bon & fidele tableau de la paix, qui ſuit une longue guerre, il faut ſe ſouvenir de la tranquillité & du calme profond, où les mers ſe trouvent après une grande tempête, les ondes en ſont unies, les vents qui par leur fureur ſembloient vouloir tout renverſer une heure auparavant, & qui s'efforçoient de confondre le ciel avec la terre, ſont paiſibles & abattus. On diroit alors qu'ils n'ont agité l'air que pour le purger des nuages dont il étoit obſcurci, & lui faire reprendre ſa premiere & naturelle ſérénité : ainsi quand la paix succede à la guerre, il semble que tout renaît dans le monde : l'ordre, l'abondance, la joie & le repos se rétablissent; où l'on ne voyoit que de la confusion, de la misere, du trouble & de l'horreur. Au reste, jamais un capitaine, quelque avantage qu'il ait obtenu, ne doit refuser à ses ennemis des conditions équitables; de quoi l'exemple de Régulus contre les Carthaginois, mérite un perpétuel souvenir (1).

II. *Comment on doit conserver un pays conquis.*

Ce n'est pas assez qu'un Roi, après avoir fait une conquête, ou avoir donné la paix à ses ennemis vaincus, pense à réparer les maux que la guer-

---

(1) Régulus ayant défait les Carthaginois à la bataille d'Adis, il leur proposa la paix, mais à des conditions si dures, que ceux-ci résolurent de périr les armes à la main, plutôt que de les accepter. Sur ces entrefaites parut Xantipe, soldat Lacédémonien. Ils lui remirent le commandement de l'armée. Les Romains furent vaincus à leur tour, & Régulus pris & mené à Carthage.

re peut avoir caufés dans fon royaume ; il faut outre cela, qu'il tourne diligemment fes foins du côté des peuples qu'il a conquis; parce qu'en devenant fes nouveaux fujets, ils font devenus fes nouveaux enfans. Il eft donc néceffaire qu'il leur faffe oublier la domination fous laquelle ils étoient nés, & fous laquelle ils étoient accoutumés de vivre; qu'en même temps il leur ôte la douleur de leur défaite, & celle qu'ils pourroient avoir de fuivre les loix de leur vainqueur. Il faut même que ces peuples nouvellement conquis, fe trouvent heureux dans ce changement de maître, & qu'ils croient avoir raifon de craindre de retourner à leur ancien gouvernement. Un conquérant, pour obtenir cet avantage, doit conduire fes nouveaux fujets avec toute la douceur poffible, les foulager des tributs ordinaires, ou pour le moins, ne les point augmenter; confirmer & accroître les privileges des villes, y établir les sciences, les arts, les manufactures & le commerce; les décorer d'édifices & d'ornemens publics, maintenir le culte de Dieu & la religion; protéger les ecclésiastiques; soutenir l'autorité des anciennes loix & des magistrats; & faire agir enfin la justice, la clémence & la modération dans toute leur étendue. Le conquérant peut même joindre ses anciens sujets aux nouveaux par des mariages & des alliances mutuelles, & accommoder les mœurs & les coutumes des uns & des autres: mais il faut surtout, qu'il empêche que les gouverneurs ne fassent aucune innovation dans le pays; qu'il ne soit fait aucune violence ni injure à aucun des particuliers; & que ceux qui seront coupables de ces dérèglemens, soient châtiés, en telle sorte que l'injure soit vangée, & la violence réparée: & pour cela il doit prendre garde que personne des peuples conquis ne soit troublé dans ses plaisirs, & dans la direction de ses affaires domestiques. Il est bon de devoir de l'argent aux nouveaux sujets, & de leur en payer l'intérêt exactement ; & au contraire il est très-dangereux à un conquérant de leur prêter (1).

Il faut encore qu'un conquérant se défende de tous les parens du Prince qu'il a dépouillé ; ensemble de tous ceux qui pourroient élever quelque prétention contre lui ; & à cet effet, il faut ou les éloigner, ou en les contenant, se faire subroger dans leurs droits, afin qu'on puisse opposer raison pour raison, en cas qu'aucun d'eux voulût former quelque entreprise. Il est bon de désarmer les bourgeois, avec espérance de leur redonner des armes, quand on aura reconnu leurs

(1) Il est encore de l'équité & de la politique même de ne pas exclure les nouveaux citoyens des graces & des dignités de l'état ; il est bon aussi d'en former de nouveaux régimens, & de choisir les officiers parmi ceux d'entr'eux qui tiennent les premiers rangs dans la noblesse.

bonnes intentions & leur fidélité.

Si l'opiniâtreté des peuples est invincible, jusques-là que le souvenir de leur premiere condition ne se puisse effacer, & qu'on les voie incessamment portés à secouer le joug des victorieux, & à reprendre celui de leurs anciens Princes ; alors il faut user de la force & de la sévérité, & se servir des moyens les plus rigoureux. Il faut les désarmer, changer leurs loix, enlever ce qu'ils ont de plus précieux & de plus saint, faire des déportations & des colonies, les déposséder de leurs terres pour les distribuer aux colonistes, marier leurs filles aux soldats du conquérant, leur interdire toute sorte de trafic, leur ôter les artisans, & ruiner les édifices publics ; retenir enfin leurs ôtages, faire sur eux des impositions extraordinaires, & entretenir parmi eux des armées pour les réprimer avec plus d'autorité.

III. *Conclusion de tout l'ouvrage.*

On peut suivre les différens préceptes dont j'ai parlé ci-dessus, pour bien défendre son pays, pour prévenir & pour appaiser les révoltes, pour faire des conquêtes & pour conserver les pays conquis. Je n'ai pas la vanité de penser que l'on n'y puisse aisément ajouter beaucoup de regles excellentes: j'ai mis celles que j'ai pu recueillir de mes lectures, ou que j'ai pu former sur mes réflexions. Je verrai avec plaisir les ouvrages de ceux qui écriront après moi sur cette matiere: je ne doute pas qu'ils ne le fassent mieux que je n'ai fait; mais la gloire qu'ils en acquiéreront ne me donnera point d'envie; j'en receverai au contraire, un sensible contentement, puisque tout mon but est que le public y puisse profiter, & que le chemin qui mene à la vertu soit rendu plus ouvert & moins inaccessible qu'il ne le paroît.

F I N.

TABLE DES CHAPITRES

Contenus dans ce volume.

CHAPITRE PREMIER.

I. *Ce que c'est que la guerre,* page 1
II. *Du droit de la guerre,* 4

CHAPITRE II.

I. *Dessein de cet ouvrage,* 8
II. *S'il est nécessaire d'entretenir la guerre dans un état,* 11
III. *Du choix des soldats & des capitaines,* 13
IV. *De l'infanterie,* 30
V. *De la cavalerie,* 31
VI. *Si un Roi doit toujours être armé,* 35
VII. *Si on doit tenir les troupes en corps d'armée, ou dans des garnisons en temps de paix,* 36
VIII. *A quoi on doit occuper les soldats quand il n'y a point de guerre,* 40

CHAPITRE III.

I. *Des préparatifs qu'il faut faire pour la guerre*, 43
II. *Des qualités d'un général d'armée*, 45
III. *Des diverses especes de guerre*, 50

CHAPITRE IV.

I. *De la guerre étrangere offensive*, 52
II. *Ce qu'il faut pour rendre une guerre juste*, 54
III. *Ce qu'il faut faire avant que de commencer la guerre*, 57
IV. *De quel nombre d'hommes une armée doit être composée*, 61
V. *De la guerre de campagne, du lieu de l'assemblée ou du rendez-vous, & comment il faut entrer en pays ennemi*, 65
VI. *Des campemens*, 81
VII. *Des marches*, 94
VIII. *Des défilés*, 95
IX. *Des passages de rivieres, de marais, de bois & de montagnes*, 99
X. *Des embuscades & autres ruses de guerre*, 109
XI. *Des rencontres*, 120
XII. *Des terreurs paniques, des fuites*,

des ralliemens, &c. 122
XIII. Ce qu'il faut faire pour suivre un ennemi qui fuit, & qui est en désordre, 126
XIV. Des batailles, 127
XV. Ce qu'il faut faire après qu'on a gagné une bataille, 148
XVI. Des blessés, des morts & des prisonniers, 153
XVII. Ce qu'il faut faire quand on a perdu une bataille, 158
XVIII. Des retraites, & comment il les faut faire en pays ennemi, 159

CHAPITRE V.

De la guerre défensive de campagne.

I. Ce que doivent faire les habitans d'un pays où entre un puissant ennemi; quel remede ils doivent apporter à ce mal, & quel secours ils doivent chercher, 166
II. Comment on peut ruiner une armée d'étrangers, 174
III. Ce qu'il faut faire avant une bataille, 178
IV. Comment il faut combattre un ennemi étranger, 180
V. Ce qu'il faut faire après une bataille

perdue, 181
VI. *Ce qu'il faut faire après une bataille gagnée,* 182
VII. *Des diversions,* 184
VIII. *Comment il faut suivre un ennemi étranger qui fait retraite,* 186

CHAPITRE VI.

De la guerre offensive & défensive, pour les sieges des villes.

I. *Des fortifications,* 189
II. *Comment il faut investir une place,* 192
III. *Du camp, des lignes de circonvallation, de contrevallation, des quartiers,* 194
IV. *Des tranchées, des travaux, de l'artillerie.* 197
V. *Des demi-lunes, bastions détachés, & autres ouvrages du dehors des places,* 202
VI. *Du corps des places, des mines, des assauts, & des logemens,* 204
VII. *Des citadelles & des châteaux,* 206
VIII. *Des surprises, des pétards, des escalades & des trahisons,* 207
IX. *Des blocus,* 219
X. *Du devoir d'un général qui assiege,* 221

DES CHAPITRES.

XI. *De la garde des places; devoir d'un gouverneur de ville, & ce qu'il doit faire quand elle est assiégée,* 222
XII. *Des sorties,* 233
XIII. *Des secours; comment on peut secourir une ville,* 235
XIV. *Ce que les assiégeans doivent faire pour empêcher le secours,* 238
XV. *Des capitulations,* 242
XVI. *Des villes prises de force; du pillage,* 246
XVII. *De la réparation d'une ville prise,* 248
XVIII. *Quand on doit lever les sieges,* 250

CHAPITRE VII.

I. *De la guerre de mer,* 252
II. *Des sieges des villes maritimes,* 257

CHAPITRE VIII.

Des guerres civiles.

I. *Comment il les faut prévenir,* 262
II. *Comment il les faut dissiper,* 266

CHAPITRE IX.

De la Discipline.

I. *Des loix de la guerre,* 271
II. *De la justice civile,* 273

328 TABLE DES CHAPITRES.
III. *Des crimes, & de la punition,* 277
IV. *De la solde,* 280
V. *Des récompenses,* 283
VI. *Des conseils, du secret, & des espions,* 286
VII. *Des alliés,* 290

CHAPITRE X.

I. *S'il est à propos qu'un Roi fasse la guerre,* 298
II. *En quoi consiste le courage,* 314

CHAPITRE XI.

I. *De la paix,* 315
II. *Comment on doit conserver un pays conquis,* 317
III. *Conclusion de tout l'ouvrage,* 322

Fin de la Table des Chapitres.

APPROBATION.

J'AI lu, par ordre de Monseigneur le Chancelier, un livre qui a pour titre *Traité de la Guerre, ou Politique Militaire,* & j'ai cru qu'on pouvoit en permettre la réimpression. Fait à Paris, ce 28 Janvier 1757.

LIEBAULT.

Le Privilege se trouve à la fin de la *Milice des Grecs.*

www.ingramcontent.com/pod-product-compliance
Lightning Source LLC
Chambersburg PA
CBHW070608160426
43194CB00009B/1228